Stefan Gärtner / Jürgen Roth

BENEHMT EUCH!

Ein Pamphlet

DUMONT

Auf Wunsch der Autoren erscheint dieses Buch in alter Rechtschreibung.

Erste Auflage 2013
© 2013 DuMont Buchverlag, Köln
Alle Rechte vorbehalten
Dieses Werk wurde vermittelt durch
Aenne Glienke | Agentur für Autoren und Verlage
www.AenneGlienkeAgentur.de
Umschlag: Lübbeke Naumann Thoben, Köln
Satz: Angelika Kudella, Köln
Gesetzt aus der Albertina
Gedruckt auf säurefreiem und chlorfrei gebleichtem Papier
Druck und Verarbeitung: CPI – Clausen & Bosse, Leck
Printed in Germany
ISBN 978-3-8321-9726-1

www.dumont-buchverlag.de

Everyone's right and no one is sorry
That's the start and the end of the story.
Nada Surf

Zivilisiertheit ist ein Verhalten, das die Menschen
voreinander schützt und es ihnen zugleich ermöglicht,
an der Gesellschaft anderer Gefallen zu finden.
Richard Sennett

»Ich bin meine eigene Welt«,
sagt der glücklich zu Ende verblödete Mensch.
Markus Metz / Georg Seeßlen

INHALT

VERROHUNG

Norbert Elias' berühmte Untersuchung *Über den Prozeß der Zivilisation* beginnt mit einem Tadel, gerichtet an die Adresse ahistorisch arbeitender Soziologen und Psychologen: »Wenn man heute über die Struktur menschlicher Affekte und ihrer Kontrolle nachdenkt [...], dann begnügt man sich gewöhnlich mit Beobachtungen an zeitgenössischen Menschen der entwickelteren Gesellschaften als empirischem Belegmaterial.«

Diesen Vorwurf müssen wir vorderhand auf uns nehmen. Wir haben uns seit einiger Zeit umgetan, im Hier und Jetzt, eher unwillentlich als willentlich, und mit wachsendem Unbehagen, ja Ärger registriert: Seit Jahren wird es immer schlimmer – Krach, Krach, Krach, praktisch rund um die Uhr, und zwar nicht nur an Autobahnen und in Einflugschneisen, sondern überall: im Wohngebiet, beim Einkaufen, in der U-Bahn, wo immer man sich aufhält oder sich aufzuhalten gezwungen ist.

Kaum noch jemand kann sich zum Beispiel in einer Lautstärke unterhalten, die aus dem Homo sapiens einen zivilisierten Menschen macht. An nahezu jedem Nebentisch in nahezu jedem Café sitzt eine Ansammlung von Peinfiguren, die ihre unmaßgeblichen Meinungen akustisch derart ostentativ aus-

9

breiten, daß man sich die lachhaften Schweigekreise der achtziger Jahre zurückwünscht. Allerorten wird gekeift, geplärrt, gezetert, gebelfert, was das Zeug hält, und hockt man gerade in seiner polierten Karosse, wird gehupt, gehupt, gehupt – zum Gruße, aus Dicktuerei, weil der Müllwagen zwei Minuten die Straße blockiert oder einfach aus der schieren hirnlosen Freude am Hupen an sich. Auf den »stummen Zwang der ökonomischen Verhältnisse« (Marx) antwortet der prangende Gegenwartsmensch mit Gelärme und Gegelle.

»Was für ein Herdentier der moderne Mensch ist, läßt sich sehr schön an Dingen sehen, von denen niemand je geglaubt hätte, daß sie einmal in Mode kommen würden«, schreibt Stefan Rose in seinem Blog *Fliegende Bretter* unter dem Titel »Die zunehmende Verlärmung der Welt«: »Etwas erleben, das heißt in diesen Zeiten für viele: Krach schlagen und die Umwelt behelligen. […] Vorzugsweise im Rudel, noch lieber in Massen. Denn der moderne Mensch hält es nicht aus mit sich selbst, und leise kann er auch nicht. Hat er nie gelernt. Sie nennen es: Party machen und Spaß haben. Wenn kein Rudel da ist und die Lärmbolzen tatsächlich einmal allein sein müssen, zum Beispiel im Auto, dann ballern sie sich die Birnen mit dämlicher Bumsmusik voll.«

In einer Lautstärke selbstverständlich, die im Umkreis von hundert Metern jeden an diesem Vergnügen Anteil nehmen läßt.

»Es ist nicht schwer zu sehen, daß die Durchsetzungschancen für Ruhe, genauer: gegen zusätzliche Lärmbelästigung im öffentlichen Raum […] erheblich gesunken sind«, konstatiert Jürgen Kaube (*Otto Normalabweicher – Der Aufstieg der Minderheiten*, Springe 2007). Und weiter: »Das ältere Modell des

Busfahrers, der den Motor abstellt und sich weigert weiterzu-
fahren [bei Randale; d. Verf.], leuchtet offenbar nicht mehr
ein.«

Nein, die Lärmbrüder und -schwestern entscheiden in drei-
ster Eigenmächtigkeit darüber, wie es in der verlärmten Welt
tagein, tagaus zuzugehen hat, nicht allein in akustischer Hinsicht. Der geschätzte Kollege Jörg Schindler berichtet in seiner
Streitschrift *Die Rüpel-Republik – Warum sind wir so unsozial?*
(Frankfurt/Main 2012) von regelmäßigen gewalttätigen Über-
griffen auf Busfahrer und zitiert einen Sprecher der Kölner
Verkehrs-Betriebe: »In den Bussen und Bahnen habe sich der
Umgang seit einigen Jahren dramatisch verschlechtert. ›Respekt, Freundlichkeit, Rücksichtnahme – das alles ist weg.‹«

Die Idee zu diesem Pamphlet entstand, bevor Jörg Schindlers Buch auf den Markt kam. Schindlers Befund – »antisoziale
Seuche«, »um sich greifende gesellschaftliche Verwahrlosung« –
teilen wir. Und nicht nur wir. Es scheine »mit der Angst vor
dem Abstieg auch die Bereitschaft zu wachsen, sich im Verteilungskampf mit härteren Bandagen Vorteile zu verschaffen«,
liest man auf der Website des WDR. Der normalerweise wahrlich nicht allzu ernstzunehmende Allzweckskribent Michael
Jürgs klagte im *Spiegel* 41/2011: »Was in trauter gesamtdeut-
scher Eintracht rülpst, rotzt, rempelt, räsoniert, ist nicht etwa
eine jugendliche Ochsenschar, wie es sie immer gab, die man
durch gezielte Schläge zwischen die Hörner zur Besinnung
bringen könnte. Es sind Millionen. Alte und Junge, Frauen
und Männer, Westler wie Ostler.« Und der große Dieter Hil-
debrandt stellte kürzlich nüchtern fest: »Den Schlüsselsatz ›So
etwas macht man nicht‹ gibt es nicht mehr. Weil er mit Anstand zu tun hat.«

Ja, wir leben im »coolsten Land der Welt« (Rösler, FDP). »Gefälligkeiten, die an sich geringe scheinen, doch aber dazu dienen, Frieden zu erhalten [...], und die man deswegen nicht verabsäumen soll« (Adolph Freiherr Knigge: *Über den Umgang mit Menschen*), sind so arschuncool, wie ein »Scheiß-opfer« zu sein. (Was sich hinter der gängigen Beleidigungs-formel »Du Scheißopfer!« verbirgt, macht einen schaudern.)

»Dahin« – zu besagten Gefälligkeiten – »gehört: daß wir Poltern, Lärmen, spätes Türzuschlagen im Hause vermeiden« (Knigge). Ach was. Rumgedröhnt wird auf der seit zwei Jah-ren inbrünstig betriebenen Privatbaustelle auf dem Nachbar-grundstück bei Bedarf auch sonntags stundenlang, mit Boh-rern, Sägen, Schleifmaschinen, Hämmern, ganz im Sinne F. W. Bernsteins: »O du Werkzeug, / mit dem man klopft, / einschlägt, / zerteppert –, / Du Instrument / des Aufbaus / und des Abbaus« (»Ode an den Hammer«). Im eigenen Hof wirft der Nachbar am Sonntag, sollte der mal halbwegs still sein, seine drei feisten Motorräder an und läßt deren Aggre-gate eine, eineinhalb Stunden lang röhren, die meiste Zeit simultan. Bittet man ihn schließlich uncool um Ruhe, ist er beleidigt und grüßt einen drei Wochen nicht mehr – wahr-scheinlich, weil man ihn in seiner »individuellen Entfaltung«, dieser saucoolen FDP-Erfindung, eingeschränkt hat.

Währenddessen rasen ohnehin Schwerstgestörte mit ihren Choppern ohne Unterlaß durchs Viertel, bevorzugt auf ver-kehrsberuhigten Straßen, an deren Rändern Kinder spielen. Es ist eben, yeah, rattencool.

Die Verrottung aller Lebensumstände, sie schreitet unauf-haltsam voran (unsere Beispiele aus der Empirie, nebenbei, sind beliebig und ad infinitum vermehrbar). An einem Sonn-

12

tagabend: Zwei Typen Ende zwanzig latschen mitten auf der Straße, mit einem Radio, das man nicht sieht (so klein sind diese Dinger unterdessen), und hören ungerührt irgendeine kreuzblöde Rumpelmusik in Diskothekenlautstärke; wenige Minuten später schmeißt dir ein junges, korpulentes Mädchen, das dir entgegenkommt, eine leere Wasserflasche vor die Füße; wieder daheim, schleppen nebenan zwölf-, dreizehnjährige Gören einen Ghettoblaster auf den Balkon und lassen, während sie herumgrölen, Dancefloordreck in die Hinterhöfe knattern.

Wie wohltuend, eine Stunde danach, das Glockengeläute, das vierminütige; die narrische Amsel auf ihrer Singwarte, einer Dachantenne, behütet von einer Taube, die über ihr thront.

Die Unerträglichkeit namens öffentliches Leben, das nur mehr »Gesellschaftswiderwillen« (Peter Handke) auslöst: Es ist der permanente monadenhafte, egozentrische Aufruhr, der sinn- wie ziellose Krawall, das unentwegte Affekt- und Affektiergehabe. Jürgen Kaube erkennt darin – bei aller Gleichförmigkeit solcher Aufspreizungen, bei aller Homogenität solcher »Selbstverwirklichungs«-Hampeleien, die nichts mit fröhlicher Pluralität gemein haben – das »Recht zur Normalabweichung«: »Individualität heißt also nicht Originalität und schon gar nicht, daß es möglich wäre, ein Leben diesseits gesellschaftlicher Prägungen zu führen.« Denn all diese angeblichen Individualisten, vulgo: ignoranten Arschgeigen sind durch und durch nichts anderes als fanatisch Angepaßte. Sie gehorchen im Kainszeichen der »Erweiterung der inneren Welt der Provokateure« (Kaube) ausschließlich dem unausgesprochenen Zwang zur idiotischen Exaltation, konformistische »Identitätspflege« (derselbe) ist Pflicht. Daraus resultiert, vornehm gesprochen, eine

Art »leerer Subjektivität« (Hegel), auf Grund derer die bloße Anwesenheit der anderen zur Tortur wird.

Es ist aber nicht bloß das »Erlebnisvolk« (Stefan Rose), das gewissermaßen als Autistenmasse auf jeden Anflug von Empathie pfeift; es sind nicht bloß die durch die Werbeindustrie, grunzdebile Aufpeitschermedien und andere soziopathisch-ideologische Apparate angestachelten und seelisch restlos amputierten Unterklassen- und Randgruppenexistenzen, die durch die Welt ramentern, als gebe es weder Nachbarn noch Mitmenschen. Die spätkapitalistische Verrohung der Sitten und Depravation der Gemüter, das insinuierte Naturgesetz befolgend, zu (über-)leben habe nur verdient, wer sich im verbrecherischen Dauerkonkurrenzkampf lauter, härter, ungestümer und brutaler geriert als der Nächstbeste, macht vor keiner Schicht halt. Im Juste milieu, in den sogenannten bürgerlich-gebildeten Kreisen, sieht es keinen Deut besser aus.

Noch einmal Michael Jürgs: »Täglich sichtbar sind Vandalen der Oberschicht, die es sich finanziell leisten können, mit Off-Roadern die Dschungel der Großstädte zu durchqueren, was gleichzeitig ihre herausgehobene Stellung beweist. Bürgerinnen parken ihre Dinos vor Kindergärten oder Schulen, in denen sie ihre Kleinen abgeben, liebend gern in der zweiten Reihe.«

Oder ein Eintrag aus Matthias Altenburgs Onlinetagebuch *Geisterbahn*: »Alles voll mit diesen jungen, viel zu reichen Eltern, mit ihren viel zu großen Autos und ihren viel zu lauten Kindern, die auf Schlitten gezerrt werden, gar nicht wollen, sondern brüllen. Wirklich alles voll. So habe ich diesen wehrlosen Buckel über der Stadt [den Lohrberg in Frankfurt; d. Verf.] noch nie erlebt, so geschunden, so versaut. Und in mir

14

quillt eine Wut hoch, daß ich ebenfalls brüllen möchte. Und erschrocken bin über mich selbst.«

Beispiele für die »Aggression der Arrivierten« (Schindler)? Ja. Genauer: für die flächendeckende »rohe Bürgerlichkeit« inmitten eines »rabiaten Klassenkampfes von oben« (Wilhelm Heitmeyer), der in unserer grandiosen Waren- und Event-Welt unterdessen an allen Ecken und Enden ungeschminkt ausgefochten wird. Es ist halt das Gegenteil eines seit den achtziger Jahren gepredigten befreienden, bereichernden, flamboyanten Pluralismus der Lebensstile, Meinungen und Glaubensinhalte, nämlich, in der Pointe dieser Tage, »ein generalisierter Lobbyismus aller gegenüber allen« (Kaube) – sofern man nicht allzu deutliche Worte benutzen möchte.

Am Tag nach unseren Begegnungen mit der musikbegeisterten Jugend: auf der Terrasse einer Speisegaststätte um die Ecke; zwei Bahnangestellte, beide ungefähr Mitte dreißig; des einen Freundin ruft an; er: »Wieso bist du immer noch nicht da?! Dich mach' ich rund, du Schlampe!«; und so weiter; nach dem Telephonat beginnt er gegenüber seinem Arbeitskollegen zu prahlen: »Wie ich die Alte heute fertiggemacht hab', als es um den Posten 23 ging! Hat die losgeheult! Mann, war das geil!«

Sein Vermieter ruft an, es geht um eine Fernsehbuchse (man bekäme auch dann alles mit, wenn man einen Motorradhelm aufhätte). Unser Heros ist devot wie der hinterletzte Afterkriecher. Danach: wechselseitiges Vorführen impertinenter Klingeltöne, was mindestens eine halbe Stunde in Anspruch nimmt. Man zahlt – entnervt, deprimiert, entsetzt.

Folgenden Tags treffen wir einen Freund, der ebenfalls bei der Bahn beschäftigt ist. »So sind sie«, sagt er. »Heute kann sich jeder aufführen wie offene Hose.« Das Niedermachen anderer sei üblich, sogenannte »Führungskurse« brächten nichts. »Lustgewinn aus Demütigung, verstehst? Das ist Nazigesinnung. Und nachher scheißfreundlich. Die Heuchelei ist Grundprinzip. Wie heißt's? Anstand ist eine Zier, aber weiter kommt man ohne ihr.«

Und wo, mit Erich Kästner zu fragen, bleibt das Positive? Die Stadtwerke Frankfurt am Main haben, scheint's, die Laub- und Staubbläser abgeschafft.

Abends hockt man in der Kneipe. Der Fernsehkasten läuft, denn ein Tag ohne Fußball ist in dieser Welt nicht mehr vorgesehen. Hat man außerordentlich großes Pech, gewärtigt man ein Interview mit Jürgen Klopp (Borussia Dortmund) oder Thomas Tuchel (FSV Mainz 05). »Typen wie Jürgen Klopp oder Thomas Tuchel«, hieß es in der *Titanic* 11/2011 zu Recht, »versprühen exakt den Witz, mit dem man Motivationsseminare auflockert.« Nämlich einen degoutanten, das Durchsetzungsvermögen verherrlichenden, einen bösartig raubtierhaften.

Noch niederschmetternder, noch fürchterlicher sind die Darbietungen der beiden am Spielfeldrand. Da wird gestenreich lamentiert, der Schiedsrichter zähnefletschend attackiert, der nächstbeste Spieler aufgestachelt, das Fanvolk aufgepeitscht und aufgehetzt, wird ausgerastet, gemosert, gepetzt, geschrien, bis die Werbebanden umfallen, nahezu unausgesetzt. Ein kriegerischer Narzißmus gelangt da zur Aufführung, der Leitwolf des Teams inszeniert sich als sportiver Killer.

Kein Tier verhielte sich so. Die Aggressivität noch der stärksten Prädatoren ist zielgerichtet, biotisch gebunden. Bei Gestalten wie Klopp und Tuchel ist sie Selbstzweck, Selbstdar-

16

stellungsmittel, sozialer Code, im besten Falle theatralischer Mumpitz, Affentanz, Wichtigkeitsgewürge – oder eben, wahrscheinlicher, Ausdruck eines vollends durchgedrehten Asozialcharakters. Daß das bei all der Aufmerksamkeit, die die verluderten Öffentlichkeitsapparate für derartige Roh- und potentielle Raufköppe organisieren, abfärbt oder zur getreuen Nachahmung ermuntert, steht zu vermuten. Jörg Schindler hat den pöbelnden Müttern und Vätern rund um die Bolzplätze der niederen Fußballklassen (»Tritt ihn um!«; »Mach ihn fertig!«; »Spiel endlich richtig, du Kackarschmongole!«) ein eigenes Kapitel gewidmet. Wir müssen das nicht wiederholen.

Ein Genie wie Gerhard Polt erkannte ebendiese Entwicklung bereits Ende der Neunziger in all ihrer Wucht. In seiner Jahrhundertmonolognummer »Longline« (*Der Standort Deutschland*, 1997) läßt er einen prototypischen Unternehmerparvenü – mithin keinen Abgehängten, Deklassierten – erst mit seinen Ausflügen nach Wimbledon herumrenommieren, auf daß er dann während eines Tennismatches zwischen seinem Sohn und einem »Kindkollegen« komplett jede Kontrolle verliert.

Zunächst motiviert er seinen Sprößling dergestalt: »Noël, komm, blas den Krüppel weg vom Platz!« Als die Mutter des »genetischen Sondermülls« jedoch nicht aufhört, in den Platz hineinzucoachen, reißt ihm die Hutschnur: »Das können Sie doch nicht machen! Wir haben eine Verantwortung vor den *kids*, wir Erwachsenen … Die jungen Leute brauchen Idole! Wir müßten uns … *correctness* im Verhalten, *responsibility*, gnädige Frau! Nicht wahr, Sie werden nicht erleben, daß mein Sohn da rumproletet! Ja? Und Schläger schmeißt und viel-

17

leicht auch noch *fuck* schreit! Der schreit nicht *fuck*! Der –
schreit – nicht – *fuck*! Und wenn der *fuck* schreit, schreit der
nur einmal *fuck*!«

Das beeindruckt die »Matrone« allerdings keineswegs –
sie coacht unverdrossen weiter –, worauf der gute Herr zur
Kadenz seiner Ausführungen über Sittlichkeit ansetzt: »Gnädige Frau, jetzt bitte! Ja? Sie dumme Gans! Ja?! Mir san doch
da net im Wirtshaus! Sondern auf einem Tennisplatz! Du
Amsel, du blöde! Du blödes Grachal, sag' i, du Matz, du ver-
reckte, hoit dei' Fotz'n, sag' i, du Schoaßwiesn, gell, du mi-
stige, sag' i, du Schoaßblattern, gell, du Brunzkach'l, du
ogsoachte, so was wie du g'hert doch mit der Scheißbürst'n
nausghaut!«

Wer weiß, woher Polt viele seiner Stoffe bezieht, nämlich
aus der Beobachtung des alltäglichen gemütsruinösen Irr-
sinns (und Polt spielt Tennis), darf annehmen, daß es für dieses amoklaufende Monster ein reales Vorbild gab.

All das, was wir hier zu beschreiben oder zu skizzieren
versuchen, hat sich in den, wer weiß, vergangenen fünf, sechs
Jahren intensiviert, zugespitzt; eskalierende Rüpeleien sind
heute keine Ausnahme mehr. Wen immer wir in Freundes-
und Bekanntenkreisen darauf ansprechen, wir finden uns bestätigt.

Ihren Anfang nahm die dieser Tage ubiquitäre Deregulierung des Sozialen wohl ungefähr Mitte der Neunziger (genau
datieren kann man dergleichen selbstverständlich nicht). Eine
Freundin, sie ist Kinder- und Jugendbetreuerin in einer kirch-
lichen Einrichtung, erzählt, daß ihr zu jener Zeit plötzlich
veränderte Verhaltensweisen aufgefallen seien: Man hielt mit
Einkaufstüten bepackten Menschen keine Tür mehr auf, man

18

drängelte sich auf dem Amt oder im Supermarkt vor, man entschuldigte sich nicht mehr, hatte man auf dem Trottoir versehentlich jemanden angerempelt. Heute, sagt sie, sind auch schon die Jüngsten sozial deutlich desensibilisiert, zeigen Züge von Manie, schlagen eher zu, schreien oft, kaum zu bändigen, wie am Spieß.

Der Sport, seit er über die Vermittlungs- und Verwertungskanäle des Fernsehens zum Großübel mutierte (das TV, wir wollen das nicht vergessen, bauten unsere ästimierten strammen Wertkonservativen unter der Ägide der Kohl-Kamarilla zum heutigen Monstrum um), ist der Taktgeber – oder einer der wichtigsten. »Leistungssport hat eine Leitfunktion in den Medien«, erkennt der Historiker Wolfgang Behringer (*Kulturgeschichte des Sports – Vom antiken Olympia bis ins 21. Jahrhundert*, München 2012) messerscharf. Vom Leistungsdruck und -fetisch möchte er weniger wissen. Dabei fiel selbst dem kaum der kulturrevolutionären Subversion verdächtigen, sondern vielmehr strunzliberalkonservativen Autorenduo Dirk Maxeiner und Michael Miersch bereits im August 2007 in der *Welt* folgendes auf (und sie blickten noch etwas weiter zurück):

»Genau das haben wir in den vergangenen Jahrzehnten durchgemacht: die Sportifizierung von allem. Wer die Siebziger nicht erlebt hat, kann sich kaum vorstellen, wie stark das öffentliche und private Leben seither versportlicht wurde. Es begann mit der ›Trimm-dich-Bewegung‹, die 1970 vom Deutschen Sportbund ausgerufen wurde, weil nur noch siebzehn Prozent der Westdeutschen in Sportvereinen organisiert waren. [...] Die Kampagne hatte Erfolg: Zehn Jahre später waren achtundzwanzig Prozent der Bevölkerung in Sportvereinen organisiert. Heute sind es fast drei Viertel der Kinder

19

zwischen drei und zehn Jahren. Und warum? Es ist zwar erwiesen, daß Bewegungsmangel ungesund ist. Aber es gibt bis heute keinen wissenschaftlichen Beweis, daß Sport gesund ist.«

Letzteres ist ja auch völlig wurst. Die heutige Omnipräsenz des Hochleistungssports als auch des geistlosen, dem Imponiergehabe genauso wie der Fitmacherei (selbst-)entmündigter Arbeitsmarktkretins dienenden Herumgesportels in allen Winkeln des gesellschaftlichen Lebens hat neben der schnöden Geldschaufelei von Kartellen, Verbandsbanden und Unternehmen die schlichte Funktion, den Gedanken der sozialen Auslese als Naturgesetz in den betäubten Schädeln festzudübeln. Um das zu begreifen, muß man nicht Adorno lesen.

Bei Adorno studiert hat der Soziologe und Fanforscher Dieter Bott. Von ihm stammt der Begriff »Sportifizierung«, den er bis heute ins Zentrum seiner unermüdlichen Analysen des allgegenwärtigen Sportgeweses und des damit einhergehenden medialen Unflats stellt. Markus Metz und Georg Seeßlen bezeichnen den Sport in ihrer gewaltigen, hochverdienstvollen Studie *Blödmaschinen – Die Fabrikation der Stupidität* (Berlin 2011) als »die größte der Blödmaschinen«, als »gültigstes‹ Gesellschaftsbild«, und nennen ihn kurz: »barbarisch«. Bott würde dem zustimmen. Unter »Sportifizierung« subsumiert er: Hörigkeit, Untertanengeist, Konsumismus, Konkurrenzbrutalität, Gewaltbereitschaft, nationale Fixierung.

Maxeiner/Miersch rekurrierten auch auf das Buch *Sport und Sexualität*, das 1972 im März-Verlag erschienen war: »Darin argumentiert der Autor Ulrich Dix, daß Sport ›Aggressionen unvorstellbaren Ausmaßes züchtet‹, ›Jugendliche von ihrer

20

Sexualität abzulenken versucht‹ und durch Sport ›unreflektiert und ahnungslos der Nährboden vorbereitet wird, auf dem die Herrschenden säen und ernten‹. Die hessische Naturfreundejugend forderte ›Vögeln statt Turnen!‹, und die *Bild*-Zeitung alarmierte ihre Leser: ›Schüler wollen Liebe in der Turnhalle!‹ Temps perdu.« (Mitgründer des Anti-Olympischen Komitees, das abermals »Vögeln statt Turnen!« forderte, war neben Günter Amendt übrigens Dieter Bott.)

Welch tiefe, aus scheinbar uralten Zeiten herüberwehende Humanität spricht dagegen aus solch kleinen Konfessionen wie jenen in Eckhard Henscheids Autobiographie *Denkwürdigkeiten – Aus meinem Leben* (Frankfurt / Main 2013): »Ein Denken nur in Sieg-Niederlage-Antagonismen lag mir nicht und keineswegs wie Achill und seinen gleichgestrickten, schon etwas sehr dümmlichen Genossen […]. Das exklusive Vorrecht des Siegs vor der Niederlage, sogar ihr Streit, war mir immer sehr fremd.«

Mit Henscheids »anhaltendem Desinteresse am Kriege im Verein mit dem Unwillen zu Macht und Sieg« käme man heute nicht mehr weit, es sei denn, man ließe sich als Krankenschwester, Müllwerker oder Sozialarbeiter mit enormen Löhnen und Gehältern mästen, um flink die »gesellschaftliche Leiter« hochzukraxeln.

Nein, selbst ein harmloser, aus Spaß an der Freude veranstalteter samstäglicher Minigolfwettstreit zwischen zwei Kneipenmannschaften, die sich aus bestens miteinander bekannten, zum Teil sogar befreundeten Stammgästen rekrutieren, gerät im nachhinein zum Desaster. Herrscht auf der Anlage noch ein gesittet-neckischer, das ganze Sportgetue veralbernder Ton (»Ich bin vorher mental den Parcours abgelaufen«;

21

»Du hättest heute die längeren Beine anziehen sollen«; »Ihr strömt den Willen zum Sieg aus jeder Pore aus! Minigolfstalinismus macht sich bezahlt!«), brüllt und geifert und japst zumal der Kapitän des unterlegenen Teams hernach beim gemütlichen Schoppen stundenlang derart enervierend und dumm und haßerfüllt-paranoid herum, daß das hiesige, seit Jahren funktionierende informelle soziale System zu implodieren droht. Und es geht die nächsten Tage so weiter: Er lügt, denunziert, beleidigt in einem fort, weil – er ein Minigolfspiel verloren hat. Daß der Dritte Weltkrieg nicht ausbricht, ist das wenigste.

Gewiß, es gibt nach wie vor Ecken, in denen man sich anders benimmt, Oasen der menschlichen Noblesse, in denen Verhaltensmuster vorherrschen, die »früher« (so sagt man da, ja, ja, aber es stimmt ja) weithin selbstverständlich schienen. Hatte man vor Jahren beschlossen, nie mehr eines dieser grauenhaften Fußballtempel- und -zwingburgstadien zu betreten, und sich dann doch von einem Freund nach wochenlangem Insistieren überreden lassen, zu einem Spiel eines zweitklassigen, ökonomisch völlig unbedeutenden Vereins zu fahren, trifft man dort vor der Partie und anschließend auf der Stehtribüne all das an, was aus dem Alltag beinahe zur Gänze verschwunden ist: Rücksichtnahme (in den Schlangen vor dem Kassenhäuschen und am Bierstand), Dezenz (der Ordner), Gelassenheit (aller Fans, egal welchen Alters), Selbstironie (der Mitglieder sich spontan bildender Kleingruppen), Neugier, aber auch höfliche Distanz. Also: Lob und Preis dem FSV Frankfurt und seinem Publikum.

Aber: So was fällt unter die gar wundersamen Ausnahmen. Er »heule [...] etwa zwanzigmal pro Tag einer Tugend hinterher, die verschwunden scheint. Oder nur noch als Restposten vorkommt, sporadisch, zufällig«, schreibt Andreas Altmann in seiner *Gebrauchsanweisung für die Welt* (München 2012) im Kapitel »Freundlichkeit«. »Bisweilen überkommt mich das Gefühl, daß der Prolo die Weltherrschaft übernommen hat. Im Inland, im Ausland. ›Mineralwasser!‹ bellt er. Oder: ›Bier!‹ Oder: ›Zahlen!‹ Sein Auftreten hat etwas von einem Imperator.« Und Altmann fährt fort: »Ich bin gerührt wie ein Kind am Geburtstagstisch, wenn ich den kleinen Gesten der Ritterlichkeit begegne. Wenn ich Zeitgenossen dabei beobachte, wie sie ihren Platz anbieten.«

Altmann läßt keinen Zweifel daran, »daß die Prolos – sagen wir, all jene, deren Herzensbildung nie stattfand oder über die Jahre versiegte – aus allen Schichten kommen. Quer durch alle Altersgruppen.« Jörg Schindlers Gewährsleute von den Kölner Verkehrs-Betrieben bestätigen das: »Das sind Jugendliche genauso wie Anzugträger oder Studenten.«

Und das schöne und weiche Geschlecht?

Eine wieder andere Freundin, eine Krankenmasseurin, erzählt, daß ihre Patientinnen samt und sonders während der Behandlung telephonieren, auf der Pritsche, und sich keinen Deut darum scheren, daß eine Behandlung so unmöglich ist. Und einem selber widerfährt, daß einen die Supermarktangestellte, weil man die letzten drei Brötchen statt mit der umständlich handhabbaren Zange mit der Hand vorsichtig aus dem Selbstbedienungsfach angelt, anblafft: »Nimm die Zange, du Arsch!« – dergestalt immerhin unfroh ausgleichend die »wiedergefundene Zeit« (Proust) der späten Kundinnen, die um zwei Minuten vor 20 Uhr durch den bereits zusammenpackenden Supermarkt schlendern und dabei wiederum auf

ihren Kleintelephonen herumtasten, weil irgendein nachran-
giges Gequatsche natürlich wichtiger ist als die Sehnsucht der
müden Marktfrauen, ja vielleicht doch noch mal nach Hause
zu kommen; was aber sowieso dauern kann, weil eine andere
junge Dame, in einem Schock sinnlos farbiger Stoffeinkaufs-
taschen stöbernd, traumverloren die letzte Kasse blockiert,
die wartende Kundschaft hinter ihr und die wartende Kassen-
kraft vor ihr nicht einmal ins Kalkül ziehend, auf daß es für
alle Unbeteiligten nach Möglichkeit *noch* langsamer gehe, fürs
unerhebliche Servicepersonal wie für alle, die der »Zumutun-
gen« (Wilhelm Genazino) müde sind; und deshalb auch, geht
es ans Zahlen, das Portemonnaie bereithalten und vielleicht
sogar wissen, was drin ist. Dies nämlich eine populäre Ange-
wohnheit gerade der »weiblichen Naturen«, die auch hierin
»ohne alle Ausnahme konformieren« (Adorno: *Minima Moralia*) und nämlich, sind sie nur erst an der Reihe, die Einkäufe
erst seelenruhig verstauen, dann nach der Geldbörse kramen,
die sich idealerweise am Grunde der Tasche findet, die soeben
beladen worden ist, dann die sehr trendige, sehr kleine, sehr
schlecht zu bedienende Börse nach passendem Geld durch-
fingern, schlimmstenfalls mit Kleingeld zahlen und die Mün-
zen, als wär's Fremdwährung, Stück für Stück auf ihren
Nennwert untersuchen, bis wir endlich alle tot sind; wie frau
beim Bäcker gern drei Kunden lang in die Luft guckt, um die
ausführliche Überlegung, welcher Kuchen es denn sein darf,
erst dann anzustellen, wenn die Gefahr vorbei ist, ihr »maß-
los übertriebener, hochstilisierter, mit brachialer Gewalt sich
breitmachender Lebenssaugenblick« (Brigitte Kronauer: *Die
Frau in den Kissen*, Stuttgart 1990) erhalte nicht die Zeugenschaft,
die er verdient. (Können Männer aber auch: Neulich hat, in

24

zirka viertelstündiger Kontemplation vor der Auslage, gar einer angefangen, vor sich hin zu summen: »Hmm, hmm-hmm-hmmmm … Rhabarber haben Sie nicht? Ach … Hmm-hmm-hmm-hmm-hmmmm …«)

Das Ich hat Vorfahrt, wo immer es paßt, und es paßt, vom Ich aus betrachtet, ständig; weshalb auch das weltberühmte Sozialwesen Frau bloß halbtraurig-kuhhaft glotzt und weiterbrummt, wenn der courtoise Fahrzeuglenker per Handbewegung eine knifflige Vorfahrtsituation zu seinen Ungunsten auflöst, wie sich beobachtbar drei Fünftel aller Verkehrsteilnehmer um derlei Freundlichkeit nicht mehr scheren, sondern noch das Sonderrecht, das man ihnen gewährt, so selbstverständlich in Anspruch nehmen, als kennten sie die Regel nicht, unter welcher sich die Ausnahme abspielt; und tun es freilich wirklich keinesfalls, wie jeder weiß, der auf der Autobahn brav rechts fährt und sinnlos auf die Bremse muß, weil einer der zahllosen Esel, die vom Rechtsfahrgebot noch nie etwas gehört haben, mit 90 über die Mittelspur gondelt und, weil rechts nicht überholt werden darf, die Nutzfläche einer Autobahn mit einem Schlag halbiert, was aber nur der Minderheit auffällt, die den rechten Fahrstreifen nicht für die Lastwagenspur hält. Da kann links dicht sein und rechts frei, sie machen nicht Platz, denn Leben ist Leben auf der Überholspur oder gar nicht, wie der Wille, schlimmer: die Fähigkeit, sich als Teil von »sozialen Systemen« (Luhmann) zu begreifen, die nach Regeln funktionieren, halt schwindet: wo nicht längst weg ist. Als gewissermaßen von gestern.

Denn Regeln braucht es bloß, wo man nicht allein ist auf der Welt – ein Gedanke, der sich aber in Auflösung befindet, seit das sogenannte Individuum sich als Maß aller Dinge be-

25

greift und natürlich keine Ahnung hat, daß Zivilisiertheit bedeutet, daß man »nicht das eigene Selbst zu einer Last für andere macht« (Richard Sennett: *Verfall und Ende des öffentlichen Lebens – Die Tyrannei der Intimität*, Frankfurt / Main 1983), was schwerfallen mag, wo »eine Gesellschaft den Narzißmus mobilisiert«, soziale Rollen zugunsten eines hypertrophen Begriffs von »Persönlichkeit« verabschiedet hat und, als »terroristisch intime«, zwischen Privat- und Öffentlichkeits-Ich nicht mehr trennt – daher der immer wüster würgende »Druck, die Barrieren von Sitte, Regel und Gestik, die der Freimütigkeit und Offenheit entgegenstehen, aus dem Weg zu räumen« (Sennett). Weshalb die Leute sich im Fernsehen Heiratsanträge machen, ihr Musikhandy freimütig auf extralaut stellen (Firma HTC: »Duale Stereo-Frontlautsprecher lassen im Zusammenspiel mit kräftigen Verstärkern alle um dich herum deinen Sound hören«, weil das halt wirklich noch gefehlt hat) und der Rat so offen geriet, den ein Fahrzeugführer einem andern Fahrzeugführer gab, der, was in der Stadt schnell passiert ist, nächtens vergessen hatte, sein Abblendlicht einzuschalten:

»Mach das Licht an, du Arschloch!«

Und dann machte das Arschloch sein Licht an.

»Weil man unbefriedigt ist, konzentriert man seine ganze Energie auf das eigene Selbst«, schreibt Sennett, und unbefriedigt ist man so lange, wie die Fernsehwerbung dafür einsteht, daß zur Befriedigung der jeweils neuste Blödsinn fehlt. Alles ist Ich in dem Maße, in dem »die Aufmerksamkeit und das Interesse, das die Persönlichkeit und ihre Umstände auf sich zogen«, gewachsen sind: »Nach und nach wurde jene geheimnisvolle, gefährliche Kraft, das Selbst, zum Maßstab der ge-

26

sellschaftlichen Beziehungen. Das Selbst wurde zum Grundprinzip der Gesellschaft. Der Verfall der öffentlichen Sphäre, in der es nichtpersonale Bedeutung gibt und ein nichtpersonales Handeln gab, setzte an diesem Punkte ein.«

Wir profitieren noch immer davon, umgeben von »Ich-Ich-Ich-AGs« (Oliver Nagel), die per se vollumfänglich im Recht sind, sein müssen, denn nicht im Recht zu sein hieße ja zuzugeben, daß das eigene Handeln überhaupt Folgen hat. Folgen! Für andere! Man denke: »Heute früh war ich mit meinem Kleinwagen unterwegs. Ganz langsam, vielleicht mit 30, denn es war kalt und rutschig. Vor mir, auf der mit Eis und Schneematsch bedeckten Straße, kurvte ein Fahrrad. Ich setzte mit viel Abstand zum Überholen an, als der Radler urplötzlich nach links zog. Er wollte abbiegen, gab aber kein Handzeichen. Vermutlich war er damit beschäftigt, sein Gleichgewicht zu halten – denn hinterm Lenker beförderte er ein Kleinkind im Kindersitz. Mit einer Notbremsung konnte ich den Unfall verhindern. Lautstarke Reaktion des Radlers: ›Du Arschloch!‹« (*Auto Bild* 13 / 2013) – das praktisch selbe (und sowieso scheint's ubiquitäre) »Arschloch!«, das die den Radweg gegen die Einbahn befahrende, dabei kraftvoll mobiltelephonierende Radlerin dem richtigrum fahrenden Nichttelephonierer nachrief, nachdem in einer unübersichtlichen Kurve ein Unfall nur um Pedalbreite hatte vermieden werden können; wie es ja auch schon vorkommt, daß auf dem Trottoir selbst dann karriolt wird, wenn nebenan – in Worten: parallel – ein Radweg verläuft. Und umgekehrt sowieso die halbe Welt auf dem Radweg rumlatscht.

Wir müssen es schlicht für möglich halten, daß der Unterschied nicht mehr begriffen wird. Und wenn, ist es halt

27

auch schon wurscht; Freiheit, Multioptionsgesellschaft, diese Scheiße. »Verkehrsminister Ramsauer sieht eine Verrohung der Sitten bei Radfahrern« (www.handelsblatt.com), die aber, wie die selbstgewiß auftrumpfenden Späteltern mit ihrem helmstolzen Konkurrentennachwuchs, so a priori recht haben wie alle, die das Richtige, Verlangte, Gesunde tun: »Ich muß doch gerade zur Arbeit. Ich rette doch gerade die Umwelt. Ihr Autoarschis. Ich bin das Opfer, ihr verdammten Dreckschleudernsteuerer. Macht! Jetzt! Platz! Ihr Weltuntergangspiloten! – Wie geil. Gerechte Aggression fühlt sich gut an, wenn man mal ehrlich ist.« (Johannes Gernert, *taz*)

Rechtsfahrgebot, Unrechtsbewußtsein, »Entschuldigung« – man mag und will nicht glauben, in welch stupender Geschwindigkeit sich der Wortschatz um gerade jene Vokabeln verkleinert, die die Regeln des gesellschaftlichen Miteinanders bezeichnen, deren goldene seit 1789 lautet: »Freiheit besteht darin, alles tun zu dürfen, was einem anderen nicht schadet« (Erklärung der Bürger- und Menschenrechte); siehe jedoch andererseits die Auffassung der deutschen Postbank: »Unterm Strich zähl' ich« – und beides läßt sich halt nicht haben.

Nun ist es natürlich nicht so, daß Autofahrer die weniger üblen Egopfeifen wären, selbst wenn die Karre steht. Der Parkplatz des Penny-Supermarkts in Frankfurt-Rödelheim ist sowieso schon eng, und als ein Kleinwagen mit den Hinterrädern im Parkabteil, mit den Vorderrädern aber in der Zufahrt steht – ohne Grund, ohne Not, es ist egal, kein Aber –, ist das Ergebnis ein Beinahe-Komplett-Stau, der Adornos Wort, wonach die kleinen Leute im Daseins- als Verteilungskampf »an Neid und Gehässigkeit alles, was unter Literaten oder Kapell-

28

meistern beobachtet werden kann«, übertreffen, auch in der Höhe voll in Ordnung gehen läßt: »James Last, 83, Bandleader und Komponist, ärgert sich über die Ruppigkeit vieler Menschen. Die Welt habe sich in den vergangenen Jahrzehnten zum Negativen verändert, sagte er der dpa. Am schlimmsten sei es in Deutschland im Straßenverkehr. ›Wenn man aus Amerika kommt und hier Auto fährt, denkt man, die wollen einen umbringen‹« (*Süddeutsche Zeitung*, 11. April 2013), und das wollen sie halt auch; und harmlos fast die Herrenfahrer-Porsches gegen die mit Höchsttempo über links gepeitschten Vertreter- oder auch Familienvaterkombis, in denen »die gestaute Aggression der Unmündigkeit und des ungelebten Lebens« (Götz Eisenberg, www.nachdenkseiten.de) auffährt und lichthupt: »Das Auto ist das nach außen verlagerte Aggressionspotential seines Besitzers, dient als Entlastungsmittel von inneren Spannungen und Konflikten. Das Gaspedal ist der einzige Hebel, den der heutige Mensch noch betätigen kann. Hier kann er sich als Herr der Lage empfinden, hier übt er die Kontrolle über die Maschine aus, die seinen Befehlen gehorcht«, und dieser brausend neurotischen Allmacht steht der Rest halt bloß im Weg herum.

Das Selbst, das permanent-pestilenzialisch nach seiner »Verwirklichung« schreit – es scheint immerhin zu ahnen, daß es nicht da und bloß Schimäre ist –, ist der Feind von Gesellschaft, die es nach einem Wort der Sozialreformerin M. Thatcher sowieso bloß als Summe monadischer Interessen gibt; und überhaupt kein Zufall, daß das Vermischte, das in der thatcherfreundlichen *Frankfurter Allgemeinen Sonntagszeitung* mal die »Gesellschaft« war, neuerdings als »Leben« läuft (mit Nebenteil »Leib & Seele«). Aus grad demselben Grund ist auf deutschen Straßen die Hupe so nötig wie der Fahrtrichtungs- anzeiger überflüssig: Denn wenn's auf der Welt bloß Leiber und Seelen, aber keine Gesellschaft hat, dann wartet ja prak- tisch auch keiner vorm Kreisverkehr und ist vielleicht sauer, weil er gratis gewartet hat, wenn die Leut' ohne Absichtsbe- kundung einfach rausfahren.

Sie blinken nicht; sie blinken überhaupt nicht mehr. »Was drückt sich darin aus? Eine Aufkündigung gesellschaftlicher Bezogenheit, ein Schwund der Fähigkeit zum Perspektiven- wechsel, eine Entsolidarisierung. Das Blinken ist ja ein Signal an den anderen, dem ich auf diese Weise meine Absichten kundtue, damit er sie in seine Handlungsperspektiven einbe- ziehen und berücksichtigen kann. Der Moral ist wesenseigen die Beziehung zum anderen und die Einnahme von dessen Perspektive, die Einfühlung in ihn. Das verbreitete Ignorieren von Regeln [...] ist Ausdruck einer moralverzehrenden Ent- hemmungstendenz. Es ist neoliberale Deregulierung – ange- wandt auf den Straßenverkehr. Der Verkehr ist neben dem Sport zu einer wichtigen *Ventilsitte* geworden, die diese Kul- tur ihren Mitgliedern zur Verfügung stellt« (Eisenberg), wes- halb auf der Straße so rücksichtslos gebrummt wie auf dem Sportplatz, siehe oben, geholzt wird; und nichts weiter als plausibel, daß die Ventilsittlichkeitsverbrechen im Fußball in der Hauptsache an denen verübt werden, die fürs geregelte Miteinander einstehen. In den Niederlanden starb im Dezem- ber 2012 ein ehrenamtlicher Schiedsrichter nach der Attacke zweier Jugendspieler, in Deutschland, wo sich in den Ama- teurligen immer weniger finden, die sich trauen, ein Spiel zu pfeifen – »der DFB hat nur noch 76 019 Schiedsrichter. Das sind 5353 weniger als sechs Jahre zuvor. Der Grund: Viele

30

Schiris geben auf wegen Pöbeleien und Prügeleien. Das Pfeifen ist ihnen zu gefährlich geworden« (www.bild.de) –, kann es nicht mehr lang dauern: »Es war in der Senioren-Landesliga, also keine Leistungsklasse mehr. In der 83. Minute zeigte ich einem Stürmer wegen Meckerns Gelb-Rot. Völlig aus dem Nichts schlug er mir aufs Kinn, ein totaler Knock-out. Ich war sofort ohnmächtig, ging zu Boden, verschluckte meine Zunge. Ein Spieler des anderen Teams war Sanitäter. Er rettete mein Leben. In der Klinik wurden Blutungen im Kopf festgestellt, ich mußte zwölf Tage auf Station bleiben. Ich habe danach nicht mit dem Pfeifen aufgehört, um ein Zeichen zu setzen. Ich verstehe, wenn junge Schiris aufhören, weil der emotionale Druck enorm ist. Spieler, Trainer und Zuschauer sind oft völlig enthemmt« (zitiert nach ebenda). Als nämlich, halten zu Gnaden, genau die armen Arschlöcher, deren Unbehagen in einer Kultur, die schon die Kinder immer bloß »stark« und »fit« haben will, so groß ist, daß kein Über-Ich die »Aggressionsneigung« (Freud) mehr bändigt und ein als falsch empfundener Pfiff selbst ein A-Jugend-Spiel so entgleisen läßt, daß ein Schiedsrichter bewußtlos zurückbleibt »und ihm die Erblindung droht« (www.news.de).

Um so übler, erhellender freilich auch die Sache da, wo's Autorität von vornherein nicht hat. »Sie sollten sich schämen für diesen Müll, den Sie sich da aus der Birne gekratzt haben. Wird so was beim Scheißen auf dem Klo geschrieben?« – dies der beglaubigte Beitrag eines bürgerlichen Lesers des bürgerlichen Online-Debattenmagazins *The European*, tonal keine Ausnahme in den Leserforen auch der Qualitätspresse, wo sich in der Anonymität des Netzes die ältere Beobachtung bestätigt findet, »daß in der repressiven Gesellschaft Freiheit

31

und Unverschämtheit aufs gleiche hinauslaufen« (*Minima Moralia*, §72); denn »die Technisierung […] treibt aus den Gebärden alles Zögern aus, allen Bedacht, alle Gesittung« (§19), und »die Affekte, die im menschenwürdigen Gespräch dem Behandelten galten, heften sich verbohrt ans pure Rechtbehalten, außer allem Verhältnis zur Relevanz der Aussage« (§90). Und wer in Büro oder Schule das Maul nicht aufmachen kann, der pöbelt halt netzöffentlich gegen Bundesligatorhüter (»Erschieß dich bitte«), schimpft als Ministerialdirektor im baden-württembergischen Wirtschaftsministerium die politische Konkurrenz »FDPisser« oder stellt, schon beinah *old school*, Nacktbilder von Exfreundinnen ins Netz; wie es längst Anwälte gibt, die nichts anderes mehr tun, als Mandanten gegen Denunziationen und übles Nachreden aus dem Internet zu verteidigen.

Auch hier potenziert sich Schlechtes im Kollektiv, und was so großartig »Selbstermächtigung« heißt, ermächtigt bloß eine »fragmentierte, politisch passive Bevölkerung« als Zeugin und Opfer des »Niedergangs der Diskussionskultur« (Colin Crouch: *Postdemokratie*, Frankfurt / Main 2008) zu Shitstorms, Facebook-Mobbing und ähnlich saudumm sprachlosen Gewalttaten: »Im November 2012 nahm sich ein 18jähriger aus Niedersachsen das Leben, nachdem er bei Facebook gemobbt wurde. Er hatte aus Versehen die Einladung zu seiner Geburtstagsfeier auf seinem Profil öffentlich gemacht. Er erhielt Tausende Zusagen. Nachdem er die Feier abgesagt hatte, schlug ihm der Haß seiner ›Facebook-Freunde‹ entgegen, die ihn im Netz beschimpften« (www.focus.de) – »überraschend schnell finden sich Gleichgesinnte und charakterlich Angekränkelte zusammen, um, wie es in Polen der Fall

32

ist, ihre tierischen und pathologischen Instinkte auszutoben« (Generaloberst J. Blaskowitz, Vortragsnotiz vom 15. Februar 1940), und diese unsere Gesellschaft mag es sich hoch anrechnen, daß sie die Instinkte in guter Tradition wieder toben läßt.

Schwer zu sagen, wo hier Nichtachtung aufhört und Bosheit anfängt oder ob das, unterm Neoliberalkapitalismus als organisierter Rücksichtslosigkeit, nicht ganz egal und im Sinne eines allgemeinen Selbstermächtigungsgesetzes dasselbe ist. Emblematisch jedenfalls das Stilleben in einem Abteil des ICE 278 zwischen Karlsruhe und Frankfurt (Main) am 29. April 2013 gegen zwei Uhr nachmittags, wo auf dem Fenstertischchen eine hälftig aufgefressene Plastikschüssel Nudelsalat, eine alte Zeitung und eine leere Flasche Wasser einen Reisenden (eine Reisende) indizieren, der (die), ausweislich der fehlenden Garderobe und des fehlenden Gepäcks, nicht etwa auf dem Klo ist, sondern den Zug verlassen hat, weil die alte Parole, wonach man einen Ort so zurücklassen soll, wie man ihn vorzufinden wünscht, bereits generalökologisch keine Gültigkeit mehr hat und spätestens der Türk' von der Putzkolonne die asoziale Sauerei ja auch entfernt. Wie ja auch simple Tatsachen der Art, daß der Dampf aus Fett und Salz, den eine einzige McDonald's-Tüte verströmt, ausreicht, einen gesamten Großraumwagen der Deutschen Bahn für andere unbewohnbar zu machen, schon lang nicht mehr erwogen werden und sich um die olfaktorischen Effekte des Verzehrs von Frittiertem, Knoblauchlastigem oder sonstwie Molestierendem, zumal im Sommer, sowieso kein Aas mehr schert, so daß auf diese pure Selbstverständlichkeit in der Straßenbahn per Piktogramm hingewiesen werden muß. Aber

33

Piktogramme nützen ja schon in den sogenannten Ruheabteilen der Bahn nichts, wo auch immer schwer zu entscheiden ist, ob die Damen und Herren so hemmungslos in ihre Sprechfunkgeräte schreien, weil sie das Piktogramm nicht verstehen oder weil sie derart weisungsgebunden sind, daß sie jede Regel ignorieren, die sich sanktionsfrei ignorieren läßt.

Aber wehe, der Zug hat fünf Minuten Verspätung, der Kaffee ist aus oder der Zugbegleiter radebrecht englisch: »Gewalt bei der Bahn – beschimpft, bespuckt, bedroht«, meldet die *Süddeutsche Zeitung*. »Die Zahl der Übergriffe von Fahrgästen auf Mitarbeiter der Bahn steigt deutlich. Dabei liegt München deutschlandweit an der Spitze. Die Eisenbahner- und Verkehrsgewerkschaft bemängelt fehlende Rückendeckung der Deutschen Bahn für ihre Mitarbeiter. Manche würden sich kaum noch trauen, solche Fälle zu melden« – im unaufhörlich-aggressiven, platzend selbstgerechten Lamento über die Deutsche Bahn »spielt der Kleinbürger sich auf, der mit der Macht sich identifiziert, die er nicht hat, und durch Arroganz sie überbietet bis in […] das absolute Grauen hinein« (Adorno), wie generell verkehrsöffentlich und also auch über den Wolken die Freiheit eine grenzenlose zu sein hat: »Vor einigen Wochen flog ich von Zürich nach Düsseldorf und erlebte, wie ein junger Mann seinen Sitz nach hinten stellen wollte«, berichtet ein leidgeplagter Vielflieger via *Spiegel Online*. »Dem jungen Herrn hinter ihm mißfiel dies, doch statt dies auszusprechen, stemmte er sich mit seinen Armen und Beinen kräftig gegen die Rücklehne des Vordermannes und stemmte diese mit aller Gewalt zurück. Dieser preßte daraufhin mit aller Kraft seines Rückens dagegen. […] Die Situation wurde zunehmend aggressiver – nun auch verbal und sehr laut, bis

34

zwei Flugbegleiterinnen intensiv genug auf einen der beiden einredeten, doch auf den freien Sitz hinter sich zu wechseln. Beide saßen am Gang – der Wechsel dauerte keine zehn Sekunden. Wäre dies der Flug einer irischen Billigfluglinie gewesen, so dürften beide wohl auf der Ausschlußliste gelandet sein – bei manch anderen Fluglinien ist man auf verstörende Weise inkonsequent.« Weil man, sind die Selbsthasser, Rechthaber und charakterlich Angekränkelten mit ihren pathologischen Instinkten einmal entfernt, nicht mit halbleeren Maschinen fliegen will?

Zivilisierte Gesellschaften sind, mit Norbert Elias, pazifizierte Gesellschaften. Eine Gesellschaft, die das Recht des Stärkeren verherrlicht, auf dem Ideal des in erster Linie sich selbst verpflichteten Hochleistungsegoisten besteht und die Klassen- und Verteilungskämpfe schon in die Kindergärten trägt; eine Gesellschaft, die es duldet, daß es einerseits Gleisbauer, Krankenschwestern, Klempner und Busfahrerinnen gibt und andererseits »Leistungsträger«; eine Gesellschaft, die für die wachsende Zahl ihrer Verlierer nur Schikanen übrig hat und die Angst und Ohnmacht derer, die noch Geld verdienen dürfen, immer bösartiger auf die Depravierten umleitet (*Bild*: »Wollte dieser Arbeitslose drei Frauen vergewaltigen und ermorden?«) – muß die sich wundern, wenn dieser Krieg, dieses »Wettlaufen selbst als ein barbarisierendes Element« (Nietzsche) die im Zuge der spätneuzeitlichen Fixierung aufs »Persönliche« ohnehin bedrohte Selbstkontrollfähigkeit des einzelnen, für Elias, Freud, auch Plato schon die Basis von Zivilisation, zugunsten umfänglicher, egomaner, rücksichtsloser Enthemmung aufhebt und die Barbarei ihre Barbaren entläßt? »Die ganze Balgerei ist inszeniert von der ins Individuum eingewanderten Gesellschaft« (Adorno, noch einmal), und auch für Elias war »der individuelle Zivilisationsprozeß [...] eine Funktion des gesellschaftlichen Zivilisationsprozesses«; und der hat, wenn die Zeitungslektüre nicht täuscht, zur Zeit nun mal nicht die Entwicklung eines jeden als Bedingung für die Entwicklung aller im Portfolio, sondern bloß, mit Metz und Seeßlen, das reine, gemeine, niederschmetternde Gegenteil: nämlich »Stupidität als gesellschaftlich nutzbares Gut, das Regierung möglich macht, Profit erzeugt und den Widerspruch zwischen beidem aufhebt. Und andererseits steht da eine neue Art von Mensch, der mit dem, was er hätte werden können, nur noch den Namen und eine unscharfe Ähnlichkeit der Gestalt gemeinsam hat.«

Und deshalb bekanntlich auch dauernd »okay« sagt. Und uns in nimmermüder, nichts als Indifferenz und Funktionsgesinnung markierender Positivität bis auf den Grund herabwürdigt.

Und sich natürlich auch.

Okay.

VERBLÖDUNG

Was man seit Jahren in endloser Abfolge alles lesen darf oder muß, etwa: »Für Denker sind Unis heute eine feindliche Umgebung. An einer modernen Hochschule ist es heute nahezu unmöglich, sich vertiefendes Wissen anzueignen. Stundenlang, in völliger Einsamkeit, Buch für Buch zu lesen, paßt nicht mehr in unsere Zeit, die vom Wettbewerb dominiert ist und in der es um schnellen Austausch und das richtige Netzwerken geht.« (*Spiegel Online*, 3. April 2013)

Ja, von »Turbo-Bildung« und »Schmalspur-Wissenschaft« ist allenthalben die Rede (als hätte man's nicht wissen können), »kein Geist, nirgendwo« (*Spiegel* 28/2010), in der, na klar, »Bildungsrepublik Deutschland« (Merkel), die eben, so banal ist das, von der »Wirtschaft«, das heißt vom Kapital, in den Schwitzkasten genommen wurde – wie das auf anderen gesellschaftlichen Feldern mit aller Selbstverständlichkeit und Arroganz längst genauso der Fall ist. Nun »produziert« man ungeniert »Humankapital« (da kann die Gesellschaft für deutsche Sprache mahnen oder meckern, solange sie mag), und die teilweise von außen besetzten, also von den Chefetagen aus dirigierten Hochschulräte propagieren offen, was an den Universitäten, die es nicht mehr gibt, zu lehren sei. »Siemens statt Humboldt« (*Spiegel*).

Selbst im *Handelsblatt* regte sich jüngst Unmut, allerdings mit dem üblichen Unterton der Verachtung, den das (Rest-) Bürgertum gegenüber den »Viel-zu-Vielen« (Nietzsche) an den einst hohen, für die eigene Bagage reservierten Schulen anzuschlagen pflegt: »Mit dem exzessiven Anstieg der Studentenzahlen in den vergangenen Jahren ging, wie der Bologna-Prozeß es verlangt, eine immer stärkere Orientierung der Universitäten am Ziel der ›Employability‹ einher. Die Universitäten wurden, was eigentlich die Fachhochschulen sein sollten. […] Junge Menschen absolvieren heute Business- oder Management-Studiengänge – und machen dann Jobs, für die ihren Vätern ein Realschulabschluß mit kaufmännischer Lehre reichte.«

Tja, da gehen sie mit der Schwemme akademischer Schrotttitel dahin, die schönen Privilegien des Bildungsbürgers.

Dessenungeachtet sind die Stichworte alle sattsam bekannt. Seit dem Oktroi der EU-Bürokratie zur Vereinheitlichung des europäischen Hochschulraumes (auf Geheiß und zum Nutzen der hegemonialen Unternehmerwelt – und zwecks »Errichtung eines vollständigeren [sic!] Europas«, so steht's in den offiziellen Papieren) ersetzten peu à peu grotesk verschulte, modularisierte, kurze Bachelor- und Masterstudiengänge in zum Teil ridikülen Fächern (Master in Körperpflege / Uni Darmstadt und Uni Hamburg, Master in Pferdewissenschaften / Uni Göttingen, Master in Zerstörungsfreier Prüfung / Uni Dresden) die einst recht frei gestaltbaren und würdevollen Staatsexamens- und Magistercurricula, mit erhebenden Folgen: Häppchenwissen wird gereicht, gelesen werden nur noch »Handouts« (»Thesenpapiere« hießen die mal, jojo), Studenten sammeln Credit-Points wie Eichhörn-

38

chen auf Speed und hetzen von Termin zu Prüfung zu Termin.

»Die Studierenden durchlaufen im Modulsystem eine Sozialisation, in der sich Infantilisierung und Professionalisierung trübe mischen«, meint Magnus Klaue (*konkret* 10/2007). »Die einzige gemeinschaftsbildende Erfahrung der Studierenden ist das dumpfe Gefühl, gemeinsam durch den gleichen Verwaltungsapparat geschleust zu werden. [...] Eines der wichtigsten Ziele der Unireform, die Entsolidarisierung der Studierenden, ist damit erreicht.« Und Axel Honneth, Direktor des Frankfurter Instituts für Sozialforschung, macht eine um sich greifende »Individualisierung« aus, zudem »Profilierungsdruck« und die »Einführung des Konkurrenzgedankens in die Hochschullandschaft«.

Die neuen Gepflogenheiten in diesen »Tollhäusern« (*Spiegel*) seien »ein Fall für den Menschengerichtshof«, murrt der unter dem Bumsfallerakanzler G. Schröder keineswegs untätig gewesene nunmehrige Philosophieprofessor Julian Nida-Rümelin und legt in der *taz* nach, das Bachelor-Gemurkse sei »eine Eselei ohnegleichen«. Hatte man von ihm ähnliches vernommen, nachdem sein Regierungsbuddy und -chef, den heute üblichen Umgangston vorbildlich antizipierend, Lehrer zu »faulen Säcken« erklärt hatte?

Heraus kommt beim gegenwärtigen universitären »Rattenrennen« (Elmar Altvater) »eine Art wissenschaftlicher Halbbildung, die es ihnen [den Absolventen; d. Verf.] ermöglichen kann, in den unteren und mittleren Etagen von Betrieben und Behörden einigermaßen über die Runden zu kommen« (Günter Thien) – oder sei's im Pferdestall oder im Kosmetiksalon. Denn »unsere Art zu wirtschaften« (Richard David Precht;

der Mann ist schon ein heller Kopf und verdammter Stilist!) braucht armeenweise Trottel, deren Reflexionsvermögen sich darauf beschränkt, bei einem halbwegs gefüllten Geldbeutel zwischen der DVD-Edition von *Sex and the City* und *Two and a Half Men* wählen zu können.

Wir müssen aus eigener Erfahrung darauf hinweisen, daß im sprachwissenschaftlichen Hauptseminar, das nicht wenige Lehramtsanwärter belegen, einer von vierzig Teilnehmern noch den Unterschied zwischen Wortart und Satzglied kennt; einer von fünfzig hat schon mal die Namen Ferdinand de Saussures und Noam Chomskys gehört.

»Sollte ich jemals etwas Vernünftiges lernen, dann wäre dies meiner Uni zum Trotz«, zitierte die *taz* Mitte 2009 eine Japanologiestudentin aus Frankfurt. »Ich lerne, was mein vorgefertigter Stundenplan hergibt, und zwar mit Anwesenheitspflicht, Credit-Points und vielen Klausuren. Der Aufwand ist groß, der Effekt geht gegen null [...]. Die Texte, die ich aus reinem Interesse lesen will, bleiben liegen.« Und ein Philosophiestudent aus Jena gab zu Protokoll: »Das Bachelor- und Masterstudium, ein Diktat der flexiblen Märkte zur Steigerung des Wettbewerbs, soll die Uni in eine effiziente Wissensfabrik verwandeln. Heraus kommen dort geschröpfte Dampfköpfe, die auswendig lernen können. Doch es hat was Gutes – für die Unternehmen: Sie sparen Ausbildungskosten.«

Exakt. Die subjektiven Befunde decken sich mit allen objektiven – sofern nicht die bis vor nicht allzu langer Zeit in dieser Angelegenheit nominell einflußreichste Vollzugsperson zu salbadern anhob. Denn was quasselte unsere hochintegre Ex-Bundesforschungs- und -bildungsministerin zusammen, wenn ihr mal wieder der Sinn danach stand, hü statt hott zu sagen, und sie aber weder vom Hü noch vom Hott einen Hauch von Schimmer hatte? Zum Beispiel das: »Der größte Anteil der Wertschöpfung in Deutschland basiert auf Forschung. Es ist die erste Leitlinie für Forschungs- und Innovationspolitik in Deutschland, Sorge dafür zu tragen, daß diese Politik konzeptionell so angelegt ist, daß dieser Anteil stark ist, sich weiterentwickeln kann und daß damit auch in Zukunft Grundlagen für wirtschaftliches Wachstum vorhanden sind.« Bitte sehr. Und weiter? »Die Zukunftschancen der jungen Generation zu sichern gehört zu den vornehmsten Aufgaben einer Gesellschaft.« Aha. Und was folgt daraus? »Die zweite Leitlinie für unsere Bildungs- und Forschungspolitik ist, beim Thema Zukunftschancen stark zu sein und Sorge dafür zu tragen, daß junge Menschen in Deutschland gute Chancen bekommen.«

Abgesehen davon, daß eine Bildungspolitikerin wie diese ob ihrer katastrophalen Bildungsferne einem rigiden PISA-Test hätte unterzogen werden müssen – was heißt denn, ›bei einem Thema stark zu sein‹? Jetzt bloß nicht weinen? Zähne zusammenbeißen und durch durch den Scheiß?

Jedenfalls war's das mit den Zukunftschancen; denn in dieser sagenhaften Bundestagsrede vom 22. November 2012 (wir hätten auch jede x-beliebige andere von Frau Schavan herauskramen können) galoppierte das Phrasenmastschwein, zum Bersten gefüllt mit den Plastik-, Masken-, Schrumpf- und Schmutzwörtern aus den Jauchefässern der Verblendungsfasler, umstandslos hurtig weiter: »Wissenschaftssysteme überall in der Welt werden immer stärker auf Internationalisierung ausgerichtet. Eine Wissenschaftsnation, die etwas auf

41

sich hält, trägt Sorge dafür, daß der eigene Wissenschafts-standort für die anderen starken Wissenschaftsstandorte attraktiv ist. Die dritte Leitlinie unserer Bildungs- und For-schungspolitik ist, dafür zu sorgen, daß Deutschland ein star-ker, relevanter Forschungsstandort ist, an den Forscher und Forscherinnen aus aller Welt kommen. […] Davon zeugt die-ser Haushalt. Davon zeugen insgesamt vier Haushalte. Das sagt Ihnen jeder in der Szene.«

In welcher »Szene« (Bologna-Berater-Darkroom?), möchte man gar nicht wissen. Das ist der nervenzerfetzende, zum Vomieren häßliche, hie wie da abgesonderte technokratische Nebeljargon der Ideologen des totalen Marktes, und bei der-gleichen »Sprachfolter« (Thomas Roth) will man nicht mehr hinhören, weil man nicht mehr hinhören kann.

Doch, »nie war die Lust aufs Studieren so groß wie heute« (sie entblödete sich tatsächlich nicht, Obszönitäten dieser Art offenbar gutgelaunt ins Rund zu flöten). Frau Schavans Glau-bensgenosse, der Professor für katholische Theologie Marius Reiser, kommt zu einem anderen Schluß: »Das neue Studien-system ist eine einzige große Dummheit. […] Die Autonomie der Universitäten und die grundgesetzlich garantierte Frei-heit von Forschung und Lehre kümmern niemanden mehr. Man hatte hehre Ziele: höhere Mobilität, internationale Ver-gleichbarkeit der Abschlüsse, Senkung der Abbrecherquoten, Verbesserung von Forschung und Lehre. Das Gegenteil ist er-reicht worden. Bildung, selbständiges Denken, kritisches Ur-teil, sachliches Argumentieren: vorbei. Auch wenn an den Gebäuden ganz groß ›Universität‹ steht, das ist keine mehr.«

Ein zielstrebig vorangetriebenes Zerstörungsprogramm hat da gegriffen, »radikal, historisch einmalig« (so der Lite-

42

raturwissenschaftler Peter J. Brenner laut www.nachdenk-seiten.de), verordnet von Ministern und der Hochschulrektorenkonferenz, initiiert von der Bertelsmann-Stiftung und anverwandten Gangstern. »Bereits der Begriff des Studierens ist verschwunden. An seine Stelle ist das Workload getreten. Workload ist die abstrakte Arbeitszeit, die ein an der Universität immatrikulierter Mensch tatsächlich oder virtuell erbringt und für die er einen Nachweis in Form von Credit-Points erhält.« (Brenner) Das bedeutet nichts anderes, als daß die »reelle Subsumtion unter das Kapital«, von Marx einst reserviert für den Begriff der materiellen Arbeit, nun schlechthin für alles gilt. Die Universitäten sind Bevormundungs-, Betreuungs- und Bestrafungsanstalten geworden. Foucault hätte seine Freude daran gehabt. Die »Überwachungsmaschinerie« (Brenner) der Auftraggeber, die sich hinter dem Geschwafel vom »Wissenschaftsstandort« und der »Qualifizierungsoffensive« und, handfest, hinter »Akkreditierungsagenturen« und anderweitigen bürokratischen Disziplinierungsinstitutionen (im Namen eines vollständigeren Europas selbstverständlich) verschanzen, läuft auf Hochtouren. Letztere benutzen indessen die »Kommandosprache der deutschen Wehrmacht« (Brenner): »Anlagen müssen vorgelegt werden.« – »Ein entsprechendes Konzept ist vorzulegen.« So dröhnt es in den Vorschriften zur Ausgestaltung der Studiengänge. Kein Wunder, daß Dieter Lenzen, Präsident der Universität Hamburg, dem Bologna-Irrsinn attestierte, er rieche nach »Truppenversorgung und Zwangsernährung«.

Eine wahrlich erfolgreiche, gigantische Initiative zur »Niveausenkung« im Dienste der »Verachtung des Sachverstandes« (Brenner) und all dessen, was, wie prekär und ideologisiert auch immer, mit der Idee der universitären Bildung einmal verbunden war: Aus demolierten und demontierten »Universitäten« werden Schotter- und Stumpfköpfe entlassen (ja: entlassen, denn sie saßen im Intellektualknast), die sich, wir waren Ohrenzeugen, zum Beispiel in der Cafeteria des geisteswissenschaftlichen Zweiges der Universität Frankfurt so unterhalten: »Diese Hartz-IV-Penner sollen das Maul halten.« – »Es ist unglaublich, wie die sich aufführen.« – »Die gehören in Zwangsarbeit gesteckt.«

Und nachher robben wir Kant runter und verinnerlichen den kategorischen Imperativ.

Die Humboldtsche Universitätsreform Anfang des 19. Jahrhunderts war natürlich auch ein ideologisch-nationalstaatliches Unterfangen, als Antwort auf die Französische Revolution, eine Modernisierung zwecks Bildung neuer staatlicher Eliten, die durchaus als »Legitimationsproduzenten« (Ulrich Herbert) fungierten. Aber sie schuf Freiräume, weil Staat und Wirtschaft keinen Einfluß auf Formen und Inhalte von Forschung und Lehre nehmen durften. Viele Errungenschaften hatten sich noch in der auf Grund weitverbreiteter Ahnungslosigkeit vielgescholtenen, gleichwohl ziemlich egalitären Massen- und Gremienuniversität erhalten: Autonomie der Professoren und Studenten (die deshalb mitunter auch einen devianten, das heißt vernünftigen Gedanken faßten), die Einheit von Forschung (»in Einsamkeit«) und Lehre (»in Freiheit«), die zeitliche Offenheit des Studiums und so fort. »An ihre Stelle tritt«, so Magnus Klaue, »eine autoritäre Kumpelkultur, in der jeder mit jedem kann, obwohl sich im Grunde die meisten verachten. Ihr Zauberwort ist das Du, ihr Sozia-

44

lisationsmedium das ›Projekt‹, ihre Fächergruppe die Kultur-wissenschaft.«

Die verheerende Wirkung der Bologna-Reformen ist nur mit jener der ebenso wahnsinnigen Rechtschreibreform vergleich-bar. Nach dem »Salto rückwärts in eine gigantische gym-nasiale Oberstufe« steht man vor den Ergebnissen »einer all-gemeinen Dequalifizierungsoffensive« (Nida-Rümelin) – aus (Menschen-)Bildung ward Ausbildung, wenn überhaupt noch –, und die mehdornartig herumfuhrwerkenden und -bulldo-zernden Bildungsmanager, Firmenbosse und »Vorstandsvor-sitzenden« (das sind die Unipräsidenten, in Baden-Württem-berg heißen die wirklich so) rühmen sich ihres Werks: der »Entmachtung der akademischen Selbstverwaltungsgremien zugunsten einer hierarchischen Steuerung unter erheblicher Beteiligung außeruniversitärer Persönlichkeiten aus Staat und Gesellschaft, vornehmlich der Wirtschaft« (Bernhard Kempen, Präsident des Deutschen Hochschulverbandes).

»Im Zeitalter der universalisierten Ich-AG« (Klaue) nehmen die Aggressionen auch an den Dampfkesseluniversitäten zu. Vom »zwanglosen Zwang des besseren Arguments« (Haber-mas) ist da nichts mehr zu hören. Und die Hochschulen üben sich, spiegelbildlich, unterm »Diktat von Jahresbilanzen, Pro-duktmanagement und Showbusiness« (Michael Hagner, Pro-fessor für Wissenschaftsforschung, Zürich) in aufdringlich-stem Marketing und einer so peinlichen wie prahlerischen Imagepflege, um auf dem »Bildungsmarkt« (*Zeit* 4/2008) mit seinen »Wachstumsraten« (*taz*, 25. Juni 2008) um Kundschaft respektive Wissenskonsumenten zu buhlen. Denn: »Wer in kürzerer Zeit mehr Studenten durchschleust, bekommt mehr Geld.« (*taz*, 11. September 2008)

Der Soziologe Richard Münch faßt den Prozeß der Entmachtung, Gängelung und Instrumentalisierung unter dem Begriff des »akademischen Kapitalismus« (*Zeit* 40/2007) zusammen. Das Regime des »institutionsökonomischen Modelldenkens« liefert die Hochschulen an die grenzenlose Weisheit des Marktes aus, Lehr- werden gegen Exzellenzuniversitäten segregierend ausgespielt, und der Wettlauf um Geld bildet sich schließlich in den so beliebten wie schwachsinnigen Rankings (zur Entrepreneurship Education et cetera) ab. »Es zielen jetzt nicht mehr Forscher auf neue Erkenntnis, sondern Universitätsunternehmen auf Kapitalakkumulation.« (Münch) Marktverdrängungsprozeduren substituieren die distanzierte, gegenstands- und methodenorientierte Reflexion. Das Mantra der asozialen Elite (man glaubt es nicht, aber derlei Sprüche klopfen sie andauernd): »Leistung muß sich wieder lohnen. Wettbewerbsfähigkeit. Hohe internationale Anerkennung. Mehr Flexibilität.« (Horst Hippler, Rektor der Hochschulrektorenkonferenz)

»In der Welt des globalen ›Benchmarkings‹« treiben die kapitalistisch durchorganisierten Kulturwissenschaften ganz besondere Blüten. In den elitären Exzellenzclustern wird nach Manier des Fordismus ein Kram zusammengeforscht, den niemand braucht und der einzig dazu dient, neues Kapital zu akquirieren: »Von einem Exzellenzcluster ›Languages and Emotions‹ lernen wir dann vielleicht, welche Gehirnzellen bei Schießereien und welche bei zärtlichen Liebesszenen auf der Leinwand oder auf dem Fernsehschirm bei den Probanden aktiviert werden.« (Richard Münch: *Globale Eliten, lokale Autoritäten – Bildung und Wissenschaft unter dem Regime von PISA, McKinsey & Co.*, Frankfurt/Main 2009)

46

Münch konstatiert auf Grund »der spiralförmigen Steigerung von monetärem und symbolischem Kapital« einen »Verlust an guten akademischen Sitten«. Vom etwas anders gelagerten, aber für die kapitalgestützte gesellschaftliche Alldominanz des Macht- und Prestigedenkens exemplarischen Casus Guttenberg konnte er nichts wissen – von diesem symptomatischen Fall von »Politikleere« als »Verzicht auf politisches Denken und Urteilen« (Uwe Pörksen), der anschließend auf dem akademischen Feld in die vollständige Vernichtung bürgerlicher Werte mündete, und zwar im Rahmen eines »Virtuosenstücks [einer] gummiartig beweglichen und zugleich wetterfest tannenhaften aristokratischen Prinzipienstärke« (Gustav Seibt, in: *Inszenierung als Beruf – Der Fall Guttenberg*, Berlin 2011).

Münch also im näheren: »Finanzielle Vorteile werden rigoros ausgenutzt. […] Es entwickelt sich ein Kampf aller gegen alle – unter ungleichen Bedingungen allerdings. […] Es kann nicht ausbleiben, daß ein so unerbittlicher Kampf auch betrügerisches Verhalten hervorbringt, wie wir es von der Ausbreitung des Dopings im kommerzialisierten Sport und der Korruption in der globalen Wirtschaft kennen.«

Ja, so bringt man die überall ausgeschriene »Wissensgesellschaft«, die nichts anderes ist als eine gleichschaltende Pseudoinformationsgesellschaft, weiter voran. Das durch Bologna eingeleitete »Umerziehungsprogramm« (Clemens Knobloch: *Wir sind doch nicht blöd! – Die unternehmerische Hochschule*, Münster 2010) hat ein einziges Ziel: »Anstatt dem akademischen Novizen den Terror der Ökonomie vom Leib zu halten, macht sich die Universität zu dessen Anwalt – und taucht ihren ›Kunden‹ unerbittlich ein. […] Das Studium gleicht jetzt einem Menschärgerdichnicht-Spiel, bei dem man alle Männchen durch eine Hindernisstrecke an das gleiche Ziel lotsen muß« (ebenda) – und bei dem das Benehmen schon mal den Bach runterrauscht, wie man weiß. Aber der Umgang mit- und untereinander wird halt nicht evaluiert.

Die »radikale, privatwirtschaftliche Landnahme« (Knobloch), die der Sprachwissenschaftler Hubert Ivo mit der Erstürmung der Feste Ilion vergleicht, die staatlich gewollte Okkupation der Universität hat sie zur »Marktmagd« (Knobloch) degradiert (übrigens mit dem Nebeneffekt einer unfaßbaren Bürokratisierung). Und »wahrlich bestürzend ist das ebenso kampf- wie spurlose Verschwinden der universitären Demokratie«, fügt Knobloch an. Unter den Studenten regt sich so gut wie kein Protest gegen die Kaperung und Kolonisierung einer Institution, die sie nunmehr zu Ochsen und Lämmern abrichtet. Die sogenannte entideologisierte Generation ist gänzlich der »Ideologie des Ökonomismus« verfallen.

Und die nachfolgende, die nachrückende?

Am Humboldt-Gymnasium im bayerischen Vaterstetten absolvieren Oberstufenschüler im Rahmen eines Stehempfangs und eines anschließenden Drei-Gänge-Menüs »ein Stil- und Etikettetraining« (*Münchner Merkur*, 31. Mai 2011), damit sie fürderhin »businesslike« auftreten. Kann man diesbezüglich nicht früher eingreifen? O ja. Jürgen Kaube weist darauf hin, »daß inzwischen sogar schon den Vierjährigen von Erziehungswissenschaftlern eine Schule angeboten wird, die sie – durch Frühenglisch, das Einüben von ›Sozialkompetenz‹, gehirngerechte und insofern kapazitätsadäquate Neuropädagogik sowie immerwährenden Projektunterricht – auf Gepflogenheiten am Weltmarkt vorbereitet«.

Na, das nennen wir mal eine Basis für die Allgemein- und Menschenbildung, für erfahrungs- und weltoffene, sozial empathische Charaktere – die laut einer von der Vereinigung der Bayerischen Wirtschaft in Auftrag gegebenen Studie (»Bildung neu denken«, ja: »Bildung«) in frühsten Jahren konditioniert werden müssen, durch folgende Erziehungsziele: »Optimismus«, »Unabhängigkeitsstreben«, »Streßresistenz«, »Selbstwirksamkeitserwartung«, »Anpassungsbereitschaft« und selbstredend »IT-Kompetenz«. Letztere erklärte auf der CeBIT im März 2013 auch kein Geringerer als der schmähliche Ratterkopf Peer Steinbrück zum politischen Hochziel. Wichtiger denn eine zweite Fremdsprache, zumal als das lästige, altväterliche Latein (»Ich bin übrigens über Latein sitzengeblieben«), seien Computerkenntnisse. Es seien »jedem Kind und jedem Jugendlichen ein Laptop oder ein Tablet-Computer zur Verfügung zu stellen. ›Jeder Schüler braucht einen mobilen Computer‹, sagte Steinbrück. […] Internet- und Computerfertigkeiten seien der Schlüssel zur Arbeitswelt von morgen. ›Programmieren wird die neue zweite Fremdsprache und nicht mehr Latein.‹« (www.n-tv.de)

Vierjährige, die »Gewaltglücksspielpophorrorbildwelten« und »elektroblutige Reizreaktionsdrecksdrogen« (Kaube) programmieren, um die so gemästeten Phantasien dann auf dem Schulhof auszuleben? Oder Vierzehnjährige, die betriebswirtschaftliche Software schreiben? Die Konzepte für Lohndumping, Outsourcing und andere Schikanen entwickeln?

Ja, Kinder und Jugendliche aus, selbstverständlich, gutem Hause sollen, erzogen »zum durchsetzungsfähigen Optimisten«, ins »Arbeitshaus gesteckt«, in die »Kadettenanstalt für Globalisierungsgewinner« (Kaube; der Mann, notabene, ist von der *F. A. Z.*) eingewiesen werden, geht es nach den Paladinen der Geldrafferweltungeistgeschäftsführer.

Oben (und ein bisserl auch darunter) mithin künftig ausschließlich Sozialkrüppel – und unten? Wo Schmierfinken wie Christian Ortner (*Prolokratie – Demokratisch in die Pleite*, Wien 2012) und Walter Wüllenweber (*Die Asozialen – Wie Ober- und Unterschicht unser Land ruinieren – und wer davon profitiert*, München 2012), die der ob ihrer »Statuspanik« »maulenden Mittelschicht« (*konkret* 2 / 2013) nach ebendiesem Maul reden, nur noch phlegmatische, abstoßende, arbeitsscheue Schmarotzer erblicken?

In der Tat produziert der Kapitalismus systematisch und exponentiell Abgehängte, allseitig Verlotterte (während – ein irisierendes Exempel unter Tausenden – in München der erste Schönheitssalon für fünf- bis fünfzehnjährige Mädchen eröffnet hat). Wer aus verarmten Verhältnissen stammt und Zugang lediglich zu marginaler Bildung findet, verfügt in den seltensten Fällen über ein Gespür für Grobheiten im Alltag und, vice versa, die »brüderliche Pflicht« (Knigge) der Rücksichtnahme. »Der Einfluß des Bildungsniveaus auf die Statusdistribution, überhaupt auf die Position in der Sozialhierarchie, wächst seit den Gründungsjahren der Bundesrepublik kontinuierlich an«, schreibt Hans-Ulrich Wehler in *Die neue Umverteilung – Soziale Ungleichheit in Deutschland* (München 2013). »Die meritokratischen Züge der Gesellschaft nehmen weiter zu.« Was heißt: »Respekt verdient man sich durch Leistung« (Michael Miersch, WDR: *West ART Talk*, 28. Oktober 2012), und es herrschen diejenigen, die »was leisten« und sich das – die »Bildung« zuvor et cetera – und vor allem: was leisten können, nämlich im Grunde alles, vom Cayenne bis zur

50

inständigen Demütigung Schwächerer und Ausgemusterter. Jedem das, was er verdient, im doppelten Sinne.

Hie die Vergötzung der Durchstecher und Abräumer, da der Haß auf die Depravierten, die ihrerseits womit reagieren? Eventuell mit: Haß? So jedenfalls mögen sie gedeihen, die Tugenden der Milde und Höflichkeit – und die fabelhaften »Soft Skills«.

»Benehmt euch mal! – Der Tag beginnt mit einer Rüge. ›Nur ein einziger von euch hat mich begrüßt‹, sagt Uwe Fenner streng zu den knapp zwanzig jungen Männern, die sich zu einem Etikette-Training in den Räumlichkeiten des Christlichen Jugenddorfwerks (CJD) in Kreuzberg versammelt haben.« (*Berliner Morgenpost*, 6. November 2009)

Die Teilnehmer an dieser »berufsvorbereitenden Bildungsmaßnahme« sind arbeitslose Haupt- und Realschulabgänger. »›Wozu sind Höflichkeit und Respekt gut? Warum sollte man freundlich sein?‹ fragt Fenner in die gelangweilt wirkende Runde. Keiner antwortet. […] Oft ist Fenner überrascht, wie wenig die Jugendlichen wissen. ›Dabei ist das hier das kleine Einmaleins des Umgangs miteinander‹, sagt er, ›aber in den Familien spielt das offenbar gar keine Rolle mehr.‹ Den Jugendlichen könne man deshalb auch gar keinen Vorwurf machen. ›Sie haben keine Vorbilder mehr‹, sagt er. ›Eigentlich müßte man die Eltern und die Lehrer schulen.‹«

Ein Freund, Rektor einer Haupt- und Realschule auf dem westfälischen Land, erzählt: »Eine Hauptschule hier in der Nähe hat über die Handwerkskammer einen Benimmtrainer beschäftigt, damit die Schüler der Klasse 10 Benimmregeln für Vorstellungsgespräche erlernen. Ich habe selbst so einen Tag miterleben dürfen. Das Irritierende war, daß die meisten

Schüler überhaupt nicht den Zweck von gutem Benehmen erkannt haben und zum Teil nur genervt und aggressiv auf den Benimmtrainer, einen ehemaligen Hauptschüler, reagierten. Lieblingsaussage: ›Ist mir doch egal.‹

Der Respekt vor Erwachsenen und älteren Schülern ist weg. Schon die jungen suchen Streit, grüßen nicht, schmeißen ihren Müll irgendwohin und schnauzen dann den Hausmeister, wenn er sie auffordert, ihren Dreck aufzuheben, an: ›Du hast hier gar nichts zu sagen!‹

Aber ohne die Eltern wären die Kinder nicht so. Die Hausaufgaben werden nicht kontrolliert, die Schulpflicht wird immer weniger geachtet. Die Verschärfung des Sozialklimas hat auch darin ihre Ursache, daß zu Hause kein Regelbewußtsein mehr ausgebildet wird. Da folgt alles dem Lustprinzip: ›Mach, was du willst.‹ Dabei sind wir noch eine brave Schule. Hört euch zum Beispiel mal in Frankfurt um!«

Das »Cyber-Mobbing an Schulen« sei »längst die Regel«, berichtet Jörg Schindler. Diese Form der »sozialen Aggression« habe das Ziel, »seine eigene soziale Position zu verbessern«, oder befriedigt anderweitige Bedürfnisse; man treffe auf »Schüler, die sich unter Lehrernamen in Single-Börsen einloggen oder Lehrerphotos in Computerspiele kopieren, so daß jeder sie nach Belieben per Kopfschuß hinrichten kann«.

Wo man hinschaue, die Jugendlichen zeigten »allenfalls noch Schmauchspuren von Disziplin und Respekt« – und zwar, so die ehemalige, von Jörg Schindler befragte Umgangstrainerin Miriam Hanke, »auch auf dem Gymnasium«. »Als Lebensziel hätten die meisten angegeben, reich werden zu wollen, reicher auf jeden Fall als die anderen.«

Lektion fürs Leben respektive Studium gelernt – auf einer

x-beliebigen Universität, etwa auf der Otto Beisheim School of Management in Vallendar. Ein ehemaliger Student legt im Interview mit *Spiegel Online* (1. Mai 2013) dar, »daß es immer nur um Auswendiglernen und Geld ging. Dozenten sind vor den Jahrgang getreten und haben gesagt: Ihr seid hier, weil ihr reich werden wollt. Und unser Rektor sagte am ersten Uni-Tag: Ihr seid die Besten, ihr werdet dieses Land dereinst führen. Dieses Gefühl der Überlegenheit setzte sich im Laufe der Semester bei fast allen durch. Das führte zu Selbstgerechtigkeit und Arroganz.«

An höheren Schulen gesellt sich zur Arroganz eine weitere, im Ausbeutungs- und Überbietungswettkampf hilfreiche Eigenschaft. Miriam Hanke: »Wer auf dem Gymnasium ist, weiß doch im Prinzip, daß er schon gewonnen hat. Und trotzdem ist da dieses Verhaltensmuster dominant, andere fertigmachen zu wollen.« Schwächere Schüler würden drangsaliert und »zum Teil zu Sklaven gemacht«. Man schicke sie los, »damit sie mit ihrem eigenen Geld Brötchen für die Stärkeren kaufen«.

Schon im Jahr 2000 widmete die *Zeit* der »Erziehungskrise« eine Serie. Da war von gleichgültigen, aber auch von übereifrigen Eltern die Rede, von geringer Frustrationstoleranz aller Schülergruppen, von völlig entgleistem Verhalten im Unterricht, von Dauerprügeleien, vom Fehlen »jeder Fähigkeit, sich in andere Menschen hineinzuversetzen«. Und: »Je weniger auch die privilegierten Eltern bereit sind, ihren Kindern Zeit zu widmen und sich mit ihnen auseinanderzusetzen, desto schlechter sind deren Chancen, urteilsfähige Erwachsene zu werden. Eine Deutsch- und Geschichtslehrerin an einem Gymnasium in einem teuren Villenvorort beschreibt die mangelnde Kritikfähigkeit ihrer Schüler: ›Ich kann ihnen jede noch so irrsinnige Quelle vorlegen – sie sagen dann: ›Ja, seltsam, aber wenn das die Meinung des Autors ist …‹ Von zu Hause brächten die Schüler immer seltener die Fähigkeit mit, zwischen einer Meinung und einem Argument zu unterscheiden.«

Sechs Jahre später erläuterte der Entwicklungspsychologe Wolfgang Bergmann im selben Blatt: »Insbesondere die deutsche Schulkultur sondert Kinder mit bürokratischer Kälte aus. […] Meine jüngste Tochter ist in der vierten Klasse, und da sagen die Kinder schon untereinander: Mit dir spiel' ich nicht mehr, du kommst nur auf die Hauptschule. […] Der zweite Punkt geht psychologisch ein bißchen tiefer. Moderne Kinder sind sehr viel narzißtischer als frühere Kindergenerationen. Sie wachsen in einem Klima auf, in dem alles zur Verfügung stehen sollte, in dem sie selber der Mittelpunkt sind. […] Die Antisozialität in der Kinder- und Jugendkultur ist größer geworden, das kann man auf jedem Pausenhof beobachten.«

Was lernen wir daraus? Machen wir der »beschädigten deutschen Erziehungskultur« Beine, indem wir ihr, von Bernhard Bueb, dem ehemaligen Leiter des Eliteinternats Schloß Salem, an die Hand genommen, eine neuschwarze Pädagogik verabreichen? Was diagnostiziert dieser hehre Pauker in *Lob der Disziplin – Eine Streitschrift* (Berlin 2006) überhaupt?

Einen »Erziehungsnotstand«. »Viele irren ziel- und führungslos durchs Land.« Kinder und Jugendliche seien »umgeben von ungewollt aggressiv präsenten Erziehern: vom Fernsehen, vom plakativen Wohlstand unseres Landes, von den Verführern der Konsumgesellschaft, von den Vorbildern ei-

54

nes geistigen und charakterlichen Mittelmaßes, das unsere ›Eliten‹ repräsentieren«. Dazu: »Verlust der Religion«.

Warum das alles? Wie kam's soweit?

Das sagt er nicht. Statt dessen bleut uns Bueb mit Thomas Mann, Fontane und Nietzsche im Tornister wie von jeher jeder Zuchtmeister des rechten Randes den Katechismus des autoritären Charakters ein: »Wer konsequent Unterordnung eines Kindes verlangt, beweist Mut vor Zuschauern, die in Deutschland konsequentes Handeln zu häufig mißbilligen.« – »Wir müssen wieder zu der alten Wahrheit zurückkehren, daß nur der den Weg zur Freiheit erfolgreich beschreitet, der bereit ist, sich unterzuordnen, Verzicht zu üben und allmählich zu Selbstdisziplin und zu sich selbst zu finden.« Denn: »Die Redensart lautet aber, das Glück sei mit den Tüchtigen, Friedrich II. von Preußen pflegte ironisch zu sagen, der Herrgott sei immer mit den besten Bataillonen.«

Na also, bravo. Beziehungsweise: Hier mieft jede Zeile wie die Turnhallenumkleide am Ende des Schultages, und Buebs Verfallsverdikte und Rezepte sind bestenfalls bescheuert (Wolfgang Bergmann nennt sie »ungehemmt totalitär«): »Fernsehen, Internet und Computer sind eine Quelle des Glücks, Drogen, Alkohol und Zigaretten eine andere Quelle. […] Wir müssen den Mut aufbringen, Askese nicht als lebensfeindlich, sondern als lebenssteigernd zu verkünden.«

Wir hingegen bringen den Mut auf, einen Tag lang fernzusehen, zumindest kursorisch.

Klassisch geworden ist Hans Magnus Enzensbergers Analyse des Fernsehens als eines »Nullmediums«, durch das wir »Tag für Tag mit Nullereignissen« versorgt werden. »Der Tatsache, daß es schwachsinnig ist, verdankt das Fernsehen ja gerade seinen Charme, seine Unwiderstehlichkeit, seinen Erfolg«, führt er aus, Inhalte seien grundsätzlich gleichgültig, und das Fernsehen habe eine essentielle Funktion: »Das Fernsehen wird primär als eine wohldefinierte Methode zur genußreichen Gehirnwäsche eingesetzt; es dient der individuellen Hygiene, der Selbstmedikation. Das Nullmedium ist die einzige universelle und massenhaft verbreitete Form der Psychotherapie. Insofern wäre es absurd, seine gesellschaftliche Notwendigkeit in Frage zu stellen.« (*Mittelmaß und Wahn – Gesammelte Zerstreuungen*, Frankfurt / Main 1988)

Reichen Enzensbergers Beobachtungen zum sekundären Analphabetismus der TV-Gucker heute noch hin? Hat er nicht selbst wenige Jahre später in *Aussichten auf den Bürgerkrieg* (Frankfurt / Main 1993) über »das autistisch geschrumpfte Ich« räsoniert, das bei allem Ich-Geplärre eben kein Individuum mehr ist, und ein weit schärferes Urteil gefällt? »Die Medien verdoppeln gewissermaßen die irreal gewordene Person und liefern ihr eine Art Existenzbeweis. Das ist eine Folge jener pathologischen Selbstlosigkeit, die Hannah Arendt diagnostiziert hat.«

Und erzeugt das Fernsehen als eine der »postfaschistischen Blödmaschinen« nicht, wie Markus Metz und Georg Seeßlen betonen, »Dummheit aus dem Geist der zerfallenden bürgerlichen Kultur und aus der sinnlichen Lust von Begehren und Barbarei«, Dummheit »im Sinne der neuformulierten Herrschaft und im Sinne der neuformulierten Macht: Geld verdienen und Einverständnis herstellen«?

Nun, es »steht« einem »ein hartes Programm ins Gesicht« (Andreas Brehme), aber das Zeug wird ja von Millionen weggeglotzt, also stellen wir uns nicht an und befolgen das Mehr-

56

heitsmotto, das da lautet: Wir machen jetzt einfach jeden Dreck mit.

Im Sat.1-*Frühstücksfernsehen* plästern dich zwischen Urlaubstips, Gartenmöbeltests und Grillkohlerankings dauergrienende Moderatoren an: »So, meine Damen und Herren, viele gehen heute ja arbeiten. Hoffentlich haben Sie auch Spaß an der Arbeit.« Eine En-passant-Perfidie in mehrerlei Hinsicht. Die zwei Sätze besagen: 1) Na, ihr Spackos, heute wieder 'nen Scheißjob zu erledigen, während wir unsere geile Fernsehsause runterrocken? 2) Also, viele arbeiten ja und tun ihre Pflicht, aber wie viele lungern den ganzen Tag auf dem Sofa rum und liegen uns auf der Tasche? 3) Hey, für die, die nicht arbeiten, haben wir von Sat.1 heute wieder ein rattenscharfes Programm für den ganzen herrlichen Fernsehtag vorbereitet. Bleiben Sie dran! (Sonst setzt es was!)

Den alternativlosen, horriblen Alltag irgendwie zu überstehen, dazu dient der ewig gleiche Matsch und Brei aus Magazinen, Servicebrocken, Soaps, Talks, aus »Nullereignissen«, die immerzu »Un-Bedeutung« generieren, und zwar als »Vernichtung des Bedeuteten bei gleichzeitiger Aufwertung des Bedeutenden. Eine semiotische Katastrophe, der wir eben auch Namen wie Johannes B. Kerner oder Anne Will geben können.« (Metz / Seeßlen) Oder es sind »jene multiflexiblen Teilzeitmonstren, auf deren Namensschildern ›Maybrit I.‹ oder ›Fl. Silbereisen‹ steht und die nur der Vorschein dessen sind, was noch kommen kann« (*Jungle World* 17 / 2013).

Die Welt da draußen, sie ist ein Moloch, daher betrachten wir sie mit einer Mischung aus Behaglichkeit und Angewidertsein in endlosen Redundanztalkshows, in Pseudo-Dokus, in Day-by-Day-Krimis wie *Niedrig und Kuhnt – Kommissare er-*

mitteln, in niederste Instinkte ankurbelnden Gerichtsfakever-
anstaltungen *(Richterin Barbara Salesch, Richter Alexander Hold)*
oder in einem gepimpten Mist wie *Schicksale – Und plötzlich
ist alles anders,* wo der Ausstecherei mal eine Prise Mitgefühl
beigegeben und das Liebesgesäusel mit einem dramatischen
Score kontrastiert wird, derweil die narrativen Konstruktio-
nen und Verwicklungen so glaubwürdig sind wie Uli Hoeneß:
»Lisa Brandt ist mit ihren Kräften völlig am Ende. Verzweifelt
versucht die 34jährige Beruf und Privatleben unter einen Hut
zu bekommen. Fast unmöglich, denn Lisa muß sich ganz allein um ihre demente Mutter kümmern. Noch dazu macht
ihre Vorgesetzte ihr das Leben zur Hölle. Gisela Merck schi-
kaniert die junge Verkäuferin, wo sie nur kann – Mitgefühl
und Rücksicht: Fehlanzeige! Doch eines Tages wendet sich
das Blatt. Plötzlich hat Lisa das Leben ihrer Chefin in der
Hand.« (www.sat1.de) Und schlägt ebenso »erbarmungslos«
(Clint Eastwood) zurück.

Äußerst beliebtes Sujet ist das Überleben im Marktkampf
und -krampf (»Wer oben bleiben will, muß hart sein«), ab
und an garniert mit der Konstellation Liebe (Betrug, Entzwei-
ung, Läuterung) versus Geld (Geschäft, Macht). Zuweilen ob-
siegt – o zauberhaftes Märchen! – die Moral übers Profitprin-
zip, oder das Gute im Menschen bricht sich aus heiterem
Himmel Bahn. Hastenichgesehn!

Die Funktion des Fernsehens »ist die Reduktion der Fähigkeit, zu sehen, Schlüsse zu ziehen, zu kommunizieren und zu
kritisieren«. Es fördert und feiert die »Unmündigkeit, die sich
selbst als Lust begreift« (Metz/Seeßlen). Guy Debord *(Die Gesellschaft des Spektakels)* umriß die Pathologie der Massenun-
terhaltung bereits 1967 wie folgt: »Das zuschauende Bewußt-

sein, als Gefangener eines verflachten Universums, das durch den Bildschirm des Spektakels begrenzt ist, kennt nur noch die Scheingesprächspartner […]. Die Anerkennung und der Konsum der Waren stehen im Zentrum dieser Pseudoantwort auf eine Kommunikation ohne Antwort.« Oder anders geklagt: »Fernsehen ist schlicht unerschöpflicher Produzent von Bilderdreck« (Hermann Peter Piwitt) und die allergründlichste Zerstörung der Welterfahrungsfähigkeit.

Die Penetranz der dich geradezu anspringenden, ja angiftenden guten Laune ist Hauptkennzeichen der Service-/Nachrichtenmagazine (mit ihr korrespondiert im übrigen die seit einigen Jahren übliche verlogene Usance, bald jedem per Mail oder SMS »liebe Grüße« zu entsenden). Die Öffentlich-Rechtlichen machen da keine Ausnahme. Zumal das ZDF läßt auf sein unermeßliches *Morgenmagazin* eine Heimsuchung namens *Volle Kanne – Service täglich* folgen und seine knallfidelen Moderatoren Telephonate solchen Zuschnitts abwickeln: »Schönen guten Morgen, von wo rufen Sie an?« – »Dillenburg.« – »Ein wunderschöner Ort! Wo liegt der denn?« – »Offenbach.« – »Oh, wunderbar!«

Metz/Seeßlen insistieren darauf, die gängige, eher geschmäcklerische Verblödungskritik um die Aspekte der Kontroll- und Zurichtungseffekte des Fernsehens zu erweitern – Kontrolle »als Fortsetzung der sozialen Kontrolle im realen Raum ebenso wie als Imitation von Situationen sozialer Kontrolle […]. Wir rechnen auch ›Konsumieren‹, ›Gut-drauf-Sein‹ und ›Mitmachen‹ zu den Pflichten.«

Aber welche Pflichten transportiert beziehungsweise implementiert ein Unterhaltungsfernsehen, das Stunde um Stunde demonstriert, daß alles völlig auseinandergefallen und ver-

59

blödet und jeder rabiatisiert ist, daß es keine Gesellschaft mehr gibt, daß Banden, Horden, Clans und Einzeltäter die Welt geistig und mitunter handfest verwüsten? Daß die Anomie der Normalzustand ist? Daß der Imperativ unserer Tage lautet: Wenn du andere nicht zur Sau machen kannst, laß dich zur Sau machen?

Wir setzen unseren Versuch fort – RTL zwischen 12 und 18 Uhr. Wie steht es um den »Affektstandard« (Norbert Elias)?

Das Scripted-Reality-Format *Mitten im Leben!*, das unterdessen eingestellt und durch gleichwertigen Unrat ersetzt ward, fährt unter vielen anderen diese, im Netz nach wie vor (Stand: August 2013) goutierbaren Folgen auf: »1-Euro-Jobberin stößt an ihre Grenzen«, »Jetzt ist Ende – Feierabend«, »Dicke Luft in Duisburg«, »Hast du meine Paella gefressen?«, »Mutter erfindet Wutschwein für Familienfrieden«, »Ich bin deinen Scheiß leid«, »Ehefrau hat keine Lust auf ›Scheiße‹« – wobei wir uns tiefbesorgt fragen, was die An- und Abführungen rund um die Scheiße verloren haben.

Und aber auch, bevor wir's vergessen: »2jähriger hört nicht auf die Mama«.

Es ist der reine, fugendichte Wahn. Reigen voller »Irrer« *(From Dusk Till Dawn)*, voller Schwerstbeschädigter, voller Schäbiger, voller Elender. Es wird gekeift, gestänkert, gejault. »Er braucht nicht die ganze Zeit Kaffee saufen!« – »Sie ist mir wirklich nur noch peinlich!« – »Dat jeht mir schon wieder voll aufn Sack, dat alles!« – »Du kommst hier nicht mehr rein!« – »Schon wieder nur am Rumsauen! Wat soll das hier?«

Eheprobleme (wahlweise Beziehungskrach) als Dauergezeter. Soziale Konflikte als persönliche »Dramen«. Schwestern-

60

zoff und Bruderzwist: »Gerade der Andy, der so 'n Schmarotzer is' und nicht mal Arbeit hat!« Es wird beleidigt, geblökt und ausgeflippt. Und geflennt.

Ein Pandämonium der Selbstentblößung. »Eine der wichtigsten Tugenden im gesellschaftlichen Leben [...] ist die Verschwiegenheit.« (Knigge) Was aber wollen wir erwarten in einer Zeit der »systematisch betriebenen Entgesellschaftung« (Götz Eisenberg) und der Mobilisierung offenbar sämtlicher Kräfte der Belästigung und Destruktion?

Knigge (der ewig Falschverstandene, er war kein Benimmonkel, sondern ein großherziger, freier Mann): »Enthülle nie auf unedle Art die Schwächen deiner Nebenmenschen!« Haha.

Hier wird widerwärtigster Voyeurismus mit dem eisernen Willen zur Herabwürdigung amalgamiert (verängstigte, weinende Menschen dürfen von Zeit zu Zeit nicht fehlen), unterlegt mit Kirmesmusik und Schnulzen – eine nie endende Erzählung voller Qual, die einen Kosmos erschafft, in dem die von der Leine gelassenen Spießer einander die Kehlen durchschreien, selbstredend auf einem Sprach- und Ausdrucksniveau, für das wir früher eine saubere Sechs ins Zeugnis geschrieben bekommen hätten.

Richard Sennett hat es Anfang der achtziger Jahre gesehen beziehungsweise vorausgeahnt: »Die Welt intimer Empfindungen verliert alle Grenzen; sie wird nicht mehr von einer öffentlichen Welt begrenzt, die eine Art Gegengewicht zur Intimität darstellen würde. Der Zerfall des öffentlichen Lebens deformiert also auch die intimen Beziehungen, die nun sämtliche Interessen der Menschen mit Beschlag belegen.« Und jenen Zerfall finalisiert nun die letzte Karikatur des öffentlichen Lebens, die mediale Öffentlichkeit, die eine geschlossene Anstalt ist, in der die »inszenierte Grenzüberschreitung […] zwischen dem Fiktionalen und dem Nicht-Fiktionalen […], zwischen dem Öffentlichen und dem Intimen, zwischen Seele und Körper, Fürsorge und Aggression« in Ketten von »Impulsgesten« (Metz / Seeßlen) repetiert, ja verewigt wird. Nochmals Metz und Seeßlen: »Die audiovisuelle Impulsgeste, die wir ursprünglich von Herrschern und Priestern kennen […], ist mittlerweile demokratisches und vor allem mediales Kommunikationsmittel. Sie ist an die Stelle der ›Höflichkeit‹, der ›Ehrerbietung‹ und der Vermeidung […] getreten […]. Wenn wir den öffentlichen Raum mit Impulsgesten betreten, so ist jede Begegnung ein Machtkampf mit offenem Ausgang.«

Und noch einmal Sennett über die »Schreckenswelt der Massenmedien«: »Wir leugnen auch, daß der Kommunikation zwischen den Menschen irgendwelche Schranken gesetzt werden sollten.« Vernichtet ist jene Wahrheit, »die einmal Grundlage öffentlicher Kultur war: Aktiver Ausdruck erfordert menschliche Bemühung, und diesem Bemühen ist nur so weit Erfolg beschieden, wie es den Menschen gelingt, dem, was sie äußern, Grenzen zu ziehen.« Kurz: »Erwachsene, die heute im Einklang mit den gesellschaftlichen Normen handeln wollen, müssen sich narzißtisch verhalten.« Und dann eben als Modelleisenbahnbauer vor den Kameras von RTL an den Knöpfen ihrer Anlage herumfummeln und wie ein Kind vor sich hin plappern: »Vorsicht, der Zug fährt ein!«

Das ganze Unheil marschiert freilich frohgemut fürbaß. *Die Schulermittler* »fangen die bösen Jungs«, dann gibt es *Betrugsfälle – Der Kampf um die Wahrheit* (hätte Karl Kraus RTL gekannt, er hätte die Waffen gestreckt und nur noch gesoffen), *Verdachtsfälle – Zerreißprobe für Familien* (plastinierte Hysterie mit Kreischeinlagen: »Das ist ja mal megaasozial!«) und allerdings genausosehr – und gleichfalls nicht von schlechten Eltern – *Familien im Brennpunkt*, allwo beispielsweise irgendwelche Intrigen rund um eine Geburtstagstorte (»Ich find' das alles total kraß! Alle haben Dreck am Stecken!«) ein fünfundvierzigminütiges Rundumangepflaume, angereichert mit Insinuationen aller Art, reziprokem Beleidigungsgegröle und kindischem Beziehungsgehacke, nach sich ziehen, das »unser menschliches Jahrhundert« (Friedrich Schiller) in irisierendster Pracht auf den Punkt bollert. Jeder hat mit jedem »Streß«, das Leben ist ein nicht endender Familien-, Nachbarschafts- und Allgemeinstreit zwischen manischen Dummköpfen unter Dauerstarkstrom. Es, das Leben, das Ferdinand Kürnberger zufolge nicht mehr lebt und laut Debord in eine »abgesonderte Pseudowelt« aus toten Bildern und Vorstellungen herabsank, bedeutet vor allem: (Selbst-)Erniedrigung in den Niederungen, in denen sich dieses »Leben« zombiehaft voranwälzt. Man sagt dazu: »Affektfernsehen« (Wikipedia). Man könnte gleichwohl sagen: Entbindung des generalisierten Schwachsinns, omnilaterale Verdeppung, denn »Volksverdummung […] ist angesagt, während die mentalen, kommunikativen und emotionalen Fähigkeiten auf allen sozialen Niveaus spürbar tiefergelegt werden« (so die Literaturwissenschaftler Jürgen Wertheimer und Peter V. Zima bereits 2001).

Frauentausch (RTL 2) soll dem Vernehmen nach fürwahr noch abartiger und hirnzerquetschender sein – respektive neuerdings *7 Tage Sex* (RTL), eine wohl in ihrer brodelnden Mixtur aus Schamverlust und totalem Exhibitionismus selbst

Big Brother aus dem Ring hauende Doku-Soap, in der Paare täglich in die Kiste gehen. Der Philosoph Byung-Chul Han hält fest: »Solche Sendungen verstärken die Tendenz der Gesellschaft, Intimitäten auszustellen und zu veröffentlichen. Da kann man fast vom Terror der Intimität sprechen. Heute ergießen sich die Intimitäten in den entleerten öffentlichen Raum. Ja, die Intimitäten entleeren den öffentlichen Raum.« (*taz*, 31. März 2013)

Nimmt es da wunder, daß einem in der Straßenbahn, mit Aplomb ins Mobiltelephon geschmettert, mitgeteilt wird, die stimmgewaltige Gazelle habe heute ihre Tage bekommen?

Auf der anderen Seite des umfassenden dezivilisierenden TV-Unterhaltungszusammenhangs, der nur mehr »Gegenwartsekel« (Wertheimer/Zima) hervorruft und zugleich als »ein durch Bilder vermitteltes gesellschaftliches Verhältnis zwischen Personen« (Debord) begriffen werden sollte, zum Beschluß dieses Kapitels: *Deutschland sucht den Superstar* und ähnliches, Castingshows, in denen sich das Verderben als unverblümte Perversion zu erkennen gibt. Ein ▮▮▮▮ wie Dieter Bohlen (»Das klingt, als wenn sie dir den Arsch zugenäht hätten und die Scheiße oben rauskommt«) gehörte in einer halbwegs zivilisierten Gesellschaft sofort verhaftet, samt all den anderen »Arschloch-Jurys« (Metz/Seeßlen) rund um Heidi Klum und wen auch immer, samt all den Fernsehverbrechern, die bestenfalls predigen: »Kümmert euch weniger umeinander, kümmert euch mehr um euch selbst« (dieselben), aber letztlich immer nur meinen: Macht sie fertig! Zerlegt sie! Schlachtet sie! Wir wollen Opfer sehen!

Und siehe: »In der Unterhaltung akzeptiert das Volk die Grausamkeit des Kapitals ohne Wenn und Aber, hier und

64

dort spornt das Volk im Spektakel das Kapital zu noch mehr Grausamkeit an.« (Metz / Seeßlen)

Daß nicht wenige Teilnehmer solcher todeslüsternen Untertanen- und Sklavenmarktshows später unter Depressionen leiden, stellte jüngst eine Studie fest. Sie haben es halt nicht mitgekriegt: »Fun ist ein Stahlbad.« (Adorno / Horkheimer)

Schon lustig, das alles.

VERKINDUNG

Am Abend des 15. Mai 2012 begegneten sich im Fußballstadion von Düsseldorf die Zweitligamannschaften der lokalen Fortuna und Hertha BSC Berlins. Es ging um den letzten verbliebenen Platz in der ersten Fußballbundesliga. Eine Minute vor dem Abpfiff, Fortuna Düsseldorf war beim Spielstand von 2:2 prospektiv aufgestiegen, stürmten begeisterte Fans des Noch-nicht-ganz-Erstligisten den Rasen, das Spiel wurde unterbrochen, die Berliner Spieler flüchteten vorsorglich in die Kabine, und ganz besonders eifrige »Idioten« (Die Welt) begannen, Teile des Rasens auszugraben, als Souvenir, noch ehe das Spiel beendet war. Nach Wiederan- und offiziellem Abpfiff legte Hertha BSC Beschwerde ein: Die Mannschaft sei bloß deshalb auf den Platz zurückgekehrt, »um eine weitere Eskalation zu verhindern«; Fortuna Düsseldorf drohte ein Wiederholungsspiel und, im schlechtesten Fall, der Verbleib in der Zweitklassigkeit.

Beobachtern wie Daniel Theweleit vom Netz-Spiegel war damals aufgefallen, daß der Beinahe-Spielabbruch kurz vor knapp »nicht von Gewalttätern herbeigeführt wurde. Den auf den Platz stürmenden Fans konnte man vielleicht sogar attestieren, daß sie die Sache auf Grund von geradezu kindlich-naivem Übermut aus den Fugen geraten ließen. Die meisten dieser Chaoten wollten das Erlebnis aufsaugen, ganz nah dabeisein. Sie haben darüber den Respekt vor dem Spiel, den Fußballern und den vernünftigen Zuschauern verloren.« Kindlich-naiver Übermut, das klingt erst einmal niedlich, und ein nicht geringer Teil der Deutschen (zum Beispiel das komplette *Tabaluga*-Publikum) hängt ja entschieden dem unverwüstlichen Kitschgedanken an, nur wer immer Kind bleibe, sei als Mensch ernst zu nehmen; aber die Juristik kennt den Begriff der Schuldfähigkeit, womit »das Mindestmaß an Selbstbestimmung, das vom Gesetz für die strafrechtliche Verantwortlichkeit verlangt wird«, bezeichnet ist. Wer die kindlich-naiven Fußballfreunde sah, die den Wiederaufstieg des eigenen Teams nach fünfzehn langen Jahren in zweiter, dritter und vierter Liga in fugenloser Unbekümmertheit zur Disposition stellten, der durfte sich fragen, wieviel Prozent der deutschen Rechtssubjekte überhaupt in diesem Sinne schuldfähig sind. Und nicht einfach Kinder.

Und nicht mal gut erzogene.

»Aus Leuten werden Kinder«, überschrieb der *F. A. Z.*-Journalist Edo Reents seine Beobachtung, die Leute würden »immer infantiler«, und sah eine »gesellschaftliche Tendenz hin zu einem Verhalten, das man früher als kindisch bezeichnet hätte, das heute aber, weil es so verbreitet ist, kaum noch als solches auffällt: Mitteilungsdrang gegenüber Fremden, Indiskretion; ein gewisser Zeigestolz; der Hang, seinen Spiel- und Zerstreuungsbedürfnissen zu fast jeder Zeit und ohne Rücksicht auf die Umgebung nachzugehen«, womit wir, als tägliche Opfer dieser Bedürfnisse, schon mitten im Thema wären. Denn die »Sphäre der Erwachsenen« aus »Vernunft, Selbstbeherrschung, Diskretion« wäre zusammengefaßt eine von »situativer Rücksicht«, und eben die fehlt ja, deshalb dieses Büchlein, an allen Ecken und Enden; wie die von Reents als Infantilverhalten rubrizierten Zeitphänomene, vom indezenten Sichbreit-Machen per Saudumm Utility Vehicle übers öffentlichlauthalsige Dauerrhabarbern, solche sind, die dem klassisch bürgerlichen Erziehungskanon als schlechtes Benehmen gelten. Oder jedenfalls mal gegolten haben. Und vielleicht auch wieder gelten müßten: »Selbst konservative Menschen, die bei Tische am Mobiltelephon angerufen werden, halten es oft nicht mehr für nötig, sich für die Dauer des Gesprächs zurückzuziehen, jeder soll ruhig alles mithören. Daß Spielzeug beim Essen nichts verloren, daß jede Verrichtung ihre Zeit und ihren Ort hat, scheint nicht mehr zu gelten. Es gibt keine, im Wortsinne, diskreten Lebensbereiche mehr.« Was, plausibel genug, das herrschende Wirtschaftssystem aber auch anstrebt: komplette Verfügbar- und Willfährigkeit des Subjekts als Produzent und, vor allem, Konsument. Eine Verfügbarkeit, die wiederum mit Vernunft, Diskretion und Selbstbeherrschung nicht jederzeit in Einklang zu bringen ist: »Achtung! Achtung! Achtung! Achtung! Achtung! Achtung! Achtung! Achtung! Alles muß raus!!!! Alles muß raus!!!! Alles muß raus!!!! Alles muß raus!!!! Wegen Neuausrichtung des Ladens ab sofort mindestens 50 % auf Kleidung, Faschingsbedarf, Modeschmuck, Taschen und vieles mehr!!!!!« (Kleinanzeige eines Ladens namens – sic, sic und dreimal sic – Will Haben, München.)

Wir möchten meinen, es sei hier schon alles heraußen; und zwar lesbar restlos.

Und leiser darf es gar nicht werden, denn ohne die »Ware als Spektakel« (Guy Debord) ginge der Laden pleite: »Natürlich hat jeder das Recht, den Verführungen der Konsumindustrie zu Regression und Übertreibung zu widerstehen, aber wenn es zu viele tun, schrillt der mediale Alarm: Experten, Institute und Parteien werden unruhig, wenn das Wachstum auch nur minimal nachläßt. Hauptsache, Wachstum, gerne auch ohne Sinn und Verstand. Haus- und Maßhalten, sich mit dem zufriedengeben, was man hat, das Urteil ›Der tut's doch noch‹ über ein Gerät – waren das nicht mal Erziehungsziele? Sollten Kinder nicht lernen, daß Dinge ihren Rahmen und ihre Grenze haben, die Keksdose irgendwann leer ist?« (Reents) Aber wie sollten sie das können, wo das systemische Mantra doch lautet, daß die Dinge eben keine Grenze haben, daß die Keksdose niemals leer wird? Und wenn man das System, das keine Grenzen kennt, nicht ändern will: bleibt einem dann anderes übrig, als den Laden als Kinderladen zu führen? »Ein ganzes Kaufhaus nur für mich«, verspricht pro toto das Einkaufsportal www.meinpaket.de – was ist das anderes als der Kindertraum vom Übernachten in der Schokoladenfabrik?

Bloß daß die Kinder – noch – gesiezt werden?

»Erstmals glaubt eine Gesellschaft, ihr wirtschaftliches Überleben verlange eine Art kontrollierter Regression, eine Kultur, die statt der Reifung die Kindlichkeit fördert«, schreibt der US-amerikanische Politikwissenschaftler Benjamin R. Barber in seinem Buch *Consumed – Wie der Markt Kinder verführt, Erwachsene infantilisiert und die Demokratie untergräbt* (München 2007). »Die Strategie stellt nicht eine gegenkulturelle Kampagne für die Anerkennung jener Merkmale der Kindheit dar, die Quellen der Tugend sein könnten (Unschuld, Echtheit, Kreativität, Spontaneität und Verspieltheit). Vielmehr zielt

70

die Kampagne auf die Unterdrückung dieser Merkmale der Kindheit zugunsten anderer, die Erwachsene verwundbar, manipulierbar, impulsiv und irrational machen. Kommerziell ist diese Strategie einleuchtend, denn der Markt infantilisiert sich nicht aus ethischer Liebe zur Kindheit und ihren vermeintlichen Tugenden, sondern aus einem instrumentellen Bedürfnis, unnötige Güter an Menschen zu verkaufen, deren erwachsenes Urteil und erwachsener Geschmack einem solchen Urteil im Wege stehen.« Der späte Konsumkapitalismus als ganzjährig geöffneter Ganztagsrummelplatz kann sich Erwachsene, die auch nur simplen Fragen nachgingen der Art, wie viele Klingen ein Rasierapparat im Ernst haben muß und ob es Raumbedufter braucht, wenn es doch Fenster gibt, schlicht nicht leisten, und um ganz sicherzugehen, daß keiner auf falsche, nämlich richtige Gedanken kommt, tun, siehe oben, die Verblödungs- als (im Doppelsinn) Kleinhalteinstanzen alles, damit der Ausgang aus der fremdverschuldeten Unmündigkeit möglichst nicht stattfindet.

Mit allem Erfolg. »Es ist nicht mehr nur der Wille zur Kritik verschwunden, sondern bereits die Fähigkeit« (Hermann L. Gremliza), denn abends gibt's die *Tagesschau* und vorher Trend und Rumtata, die Kritische Theorie noch im Detail zu bestätigen: »Je näher Organismen dem Tod, um so mehr regredieren sie auf Zuckungen« (Adorno) – stimmt: »Sie zukken, sie schütteln sich, sie rudern mit den Armen. Bunt kostümiert tanzen Menschen auf der ganzen Welt den ›Harlem Shake‹. Jetzt hat er Hannover erreicht«, berichtete die *Frankfurter Allgemeine Zeitung*, die keinen Anlaß sah, sich ob der allerneuesten Massenkinderei an den klugen Kopf zu fassen, sondern lieber pflichtschuldig den allerneusten »Hype« kon-

71

statierte. »Vom Schwimmclub bis zur U.S.-Army-Einheit – sie alle laden ihren eigenen ›Harlem Shake‹ ins Netz, immer nach dem gleichen Muster: Eine Person tut etwas Seltsames, wird zunächst von den anderen ignoriert. Nach fünfzehn Sekunden folgt der kollektive Kontrollverlust. Und die Sehnsucht danach scheint groß zu sein.« Zumal in den freiesten Marktgesellschaften aller Zeiten, in denen »Milliarden« (*F.A.Z.*) nominell Erwachsene nur auf den je jüngsten Trendbefehl warten, um ihrer Kindslust aus Bewegungsdrang, Begeisterungsfähigkeit und, vor allem, Zeigefreudigkeit die Zügel schießen zu lassen: Guck mal, was ich ka-hann! Daß das womöglich weniger mit Rousseau denn mit Raubtier- als Rudelbumskapitalismus zu tun hat, verriet der Artikel gleich im Anschluß: »Der ›Harlem Shake‹ gilt mittlerweile als legitimer Nachfolger des ›Gangnam Styles‹, jenes knallbunten Musikvideos aus Südkorea, das vergangenes Jahr innerhalb von ein paar Tagen als erstes die Milliardenmarke an Youtube-Aufrufen knackte – ebenfalls mit Hilfe eigenwilliger Tanzeinlagen. Und wie immer, wenn so viele Menschen das gleiche Video verbreiten, es sogar nachahmen, fragen sich Marketingexperten, wie das geht. Im Falle des ›Harlem Shake‹ kommen sie zu dem Ergebnis, daß das Video mit seinen dreißig Sekunden die ideale Länge für die gehetzten Internetmenschen habe, zum Anschauen, vor allem aber, um es nachzuahmen. Denn es liefere eine Struktur, die jeder adaptieren könne, ideales Futter für das Mitmach-Internet also«; womit die alte Elternfrage, ob man denn immer alles nachmachen und sogar aus dem Fenster springen müsse, nur weil der Freund es tue, ihrer glücklichen Beantwortung zugeführt wäre.

72

»Das Wirtschaftsmagazin *Forbes* empfiehlt schon, das Muster des ›Harlem Shake‹ für virale Kampagnen zum Vorbild zu nehmen« (ebenda) – einerseits kann ja keiner was dafür, daß noch sein Ausbruchversuch, wie infantil auch immer, Strom für die Wurstmaschine ist, die ihn durch den Wolf dreht: »Das Spektakel, das die Verwischung der Grenzen von Ich und Welt durch die Erdrückung des Ichs ist, das von der gleichzeitigen An- und Abwesenheit der Welt belagert wird, ist ebenso die Verwischung der Grenzen zwischen dem Wahren und dem Falschen durch die Verdrängung jeder erlebten Wahrheit unter der von der Organisation des Scheins gewährleisteten reellen Präsenz der Falschheit. [...] Das Nachahmungsbedürfnis, das der Konsument empfindet, entspricht genau dem infantilen Bedürfnis, das durch alle Aspekte seiner fundamentalen Enteignung bedingt wird.« (Debord) Andererseits vielleicht aber doch; und mit dem jungen Enzensberger mag man fast die Wölfe gegen die Lämmer verteidigen: »Es gibt / viele Bestohlene, wenig Diebe; wer / applaudiert ihnen denn, wer / steckt die Abzeichen an, wer / lechzt nach der Lüge?«

So gut wie alle; zum Beispiel die, die sich, das Hirn noch weiter zu entlasten, der allerneuesten Jahrhundertidee einer nimmermüden Fun- und Sport- und Disziplinierungsindustrie in die Arme werfen und bei einem sogenannten »Bokwa« der These, die Welt positioniere sich mindestens in ihren Wohlstandsregionen als idealer Gesamtkindergarten neu, im Dauerzappelmodus Ausdruck verleihen: »BOKWA®: Musik, einfache Schritte und jede Menge Fun«, also zirka das, was einst die »Teletubbies« großgemacht hat. »Zu bekannten Titeln aus den Charts beschreiben die Teilnehmer Zahlen und

73

Buchstaben mit ihren Füßen und bewegen sich so gemeinsam zur Musik. Die hohe Intensität des Tanz-Workouts wird durch kontinuierliche Sprünge und Wechselschritte erreicht. [...] Anstatt alleine verbissen zu trainieren, wird gutgelaunt in der Gruppe gepowert« (Fit for Fun, eine durchaus retardierte, keinesfalls faschistische, sehr erfolgreiche Zeitschrift) – als sollte man die Lust und die Fähigkeit, gutgelaunt in der Gruppe zu powern, nicht da lassen, wo sie natürlicherweise hingehören, auf dem Grundschulhof nämlich, und als sei kindlich ungebremster Selbstausdruck eine unter allen Umständen nicht bloß zu tolerierende, sondern zu fördernde Sache – eine Überzeugung, der ja auch viele »engagierte« (SZ) Großstadt- und / oder Bioladeneltern anhängen, die Ermahnungen der alten Art, es sei nicht jeder Ort der Ort für Tanz und Krach, für eine unzulässige Hemmung kindlicher Kreativimpulse halten, weshalb sich der Akademikernachwuchs (damit er gleich weiß, wer das Sagen hat) in Lokal und Zug ramenternd entfalten darf, als gäb's weder Ohrenzeugen noch etwa Servierkräfte mit vollen Tabletts. Und kaum ist das Elterngeld verbucht, gehen die Wickelkinder mit Mama und Papa auf Weltreise, damit die Selbsterfahrung selbst da nicht pausiere, wo sie den armen Trotteln, die nur den Mindestsatz kriegen, noch von der Gangway herab den Mittelfinger zeigt: Ihr zahlt, mein Säugling fliegt! Und hat noch nicht mal was davon! Wie geil ist das denn! »Hat doch Takt seine genaue historische Stunde.« (Adorno)

Gehabt.

Überhaupt: Eltern, schlimmstenfalls moderne. »Irre, die Kombis fahren und über Lehrer schimpfen, die ihren untalentierten Kindern völlig zu Recht schlechte Schulnoten geben« (Gunnar Homann: *All exclusive – Ein Unterwegsroman*, Köln 2011). Die Ideologie von der Selbstverwirklichung als Lebenshauptzweck, die Propagandaformel vom superioren Leistungsträgertum, die staatlicherseits geschürte Angst vor fehlenden Rentenzahlern und dem »Aussterben« Deutschlands und der Sonderwert, der deutschblütigen Gutverdienerkindern von der Politik zugemessen wird – denn »Kopftuchmädchen« (Sarrazin) gibt's genügend, Laurenz-Maximilians und Sophie-Constanzes auf mittlere Sicht aber nicht –, lassen eine bestimmte Sorte Erziehungsberechtigter den öffentlichen Raum so aggressiv und selbstherrlich besetzen, als seien Kinderlose (oder Eltern, die ihre Lütten nicht wie's allerliebste Accessoire unablässig herzeigen) als gewissermaßen Volksschädlinge erst gar nicht berechtigt, irgendwelche Einwände betreffs Kindsverhalten zu erheben. »Verkindung«, das ist nicht bloß die Tatsache, daß die Welt (jedenfalls da, wo sie es sich leisten kann) immer kindischer wird, das ist auch die weichgespült völkische Vergottung des Prinzips »Kind«, die sich, weil Deutsche ihre Dinge richtig oder gar nicht erledigen, von der als vorbildhaft ästimierten mediterranen (wo man indes das Kind vergöttert und nicht das Prinzip) durch die militante Note unterscheidet: »Einmal wollte sie [eine Kölner Fahrkartenkontrolleurin; d. Verf.] eine junge Familie mit Kinderwagen kontrollieren und wandte sich an den Vater, einen mindestens zwei Meter großen Mann. ›Guten Tag, die Fahrausweise bitte‹, sagte Iris K. Der Mann sagte nichts, sondern schlug zu, gegen den Hals, so daß die Kontrolleurin durch die Straßenbahn flog und mit Rippen- und Gesichtsprellungen liegenblieb. Von den anderen Menschen in der Tram habe niemand eingegriffen. Nur ein Fahrgast stand auf und

75

schimpfte – auf Iris K. Was sie da eigentlich mache, fragte er, sie sehe doch, daß der Mann einen Kinderwagen habe.« Jörg Schindler, der diese Episode referiert, weiß auch von der Mein-Kind-zuerst-Verwahrlosung, in welcher sich alter Klassendünkel mit neuer Abstiegsangst und allwaltender Selbsterfahrungsegozentrik verschränkt, wenn Eltern »im Kampf um ihre Kinder jedes Mittel recht zu sein scheint«: »Selbst die ›brutalsten kleinen Schweine‹ hätten keinerlei Sanktionen von ihren Eltern zu befürchten gehabt«, wird eine ehemalige, resigniert habende Gymnasiallehrerin zitiert: »Sie konnten doch nichts dafür, sie haben es doch nicht so gemeint, sie wurden doch mit Sicherheit provoziert, sie leiden doch selbst am meisten. Mit den Kindern […] sei sie im Zweifelsfall noch fertig geworden. Mit den Eltern wurde sie es nicht. Nach drei Jahren gab sie auf.«

Im Gegensatz zum vollzeit engagierten Elternpöbel, der seinen Kindern, denen er zwar die Hochbegabung, aber nicht mehr das Erwachsenwerden zutraut, bis an die Universitäten hinterherdackelt: »Für viele Erwachsene ist das eigene Kind heute ein Projekt und dessen Studium ein Investment. Solche Helikopter-Eltern kreisen weiter über ihren Lieblingen – mit sichtbaren Folgen«, staunt sogar *Spiegel Online*. »Väter und Mütter werden zur Zielgruppe«, von Universitäten nämlich, die scheint's wirklich nichts dagegen haben, sich neuerdings als zielgruppengerechte zu prostituieren, und also so was Wahnsinniges wie »Erstsemester-Familientage« aushecken: »Im Schlepptau ihrer Sprößlinge studieren die Eltern kritisch die Curricula und überschlagen schon mal, in welchem Semester ihre Kinder wie viele Credit-Points erwerben müssen, um schnell durchs Studium zu kommen« – wenn die Psycho-

76

analyse recht hat und Infantilität und Narzißmus zusammengehören wie Bologna-Studium und Credit-Point, dann ist der nicht mal mehr schleichende Tod der Universität als Ort, der von Kindern betreten und von mündigen, der Reflexion und Selbstbestimmung fähigen Erwachsenen verlassen werden kann, die Umwandlung eines Königsweges in eine Krachmacherstraße, wo Benjamins »Verfälschung des Schöpfergeistes in Berufsgeist« als Abschied von Humboldts »proportionierlichster Bildung [...] zu einem Ganzen« genau die disproportionalen, verhältnislosen, unverhältnismäßigen Figuren als Opfer ihrer »wechselnden Neigung« (derselbe) modelliert, die uns gerade noch gefehlt haben.

»Die Universität wird nicht mehr als ein Gegenort zu Schule und Elternhaus wahrgenommen, der zwar ebenfalls jede Menge Frustrationen bereithält, aber demjenigen, dem daran gelegen ist, doch die Möglichkeit eröffnet, der infantilen Fixierung auf Eltern und Lehrer durch Entwicklung anderer Kommunikationsformen zu entrinnen«, urteilt Magnus Klaue in *konkret* (11/2011). »Im Gegenteil wird sie zur bloßen Verlängerung der Schule, auf deren schützende Autorität man sich zwar nicht mehr verlassen kann, deren Erbe man aber bis ins reife Alter mitschleppt. Seither häufen sich die Fälle, in denen die Eltern schlecht benoteter Studenten, oft durch diese überhaupt erst dazu animiert, bei Dozenten und Hochschullehrern vorstellig werden, um sich über die vermeintlich ungerechte Beurteilung zu beschweren«, worüber sich dann derjenige nicht beschweren soll, der seine Uni als Dienstleistungsbetrieb führt. Und Studenten als Kunden.

Denn der Kunde soll zufrieden sein, selbst dann, wenn er keinen rechten Grund dazu hat. Der Kunde soll nicht denken, er soll konsumieren und akzeptieren und Kritik allenfalls am »Angebot«, am »Service« äußern. Je unselbständiger, form- und manipulierbarer einer ist, desto mehr taugt er als Kunde. Der ideale Kunde ist das Kind, das noch nicht gelernt hat, seine Bedürfnisse zu kontrollieren. Deswegen sollen wir Kinder bleiben. *Mission*, wenn nicht alles täuscht, *accomplished*. »Insofern ist es den ›Bildungsstreikenden‹, die mittlerweile zum Bestandteil des universitären Alltagsbetriebs geworden sind, gar nicht übelzunehmen, daß ihre Proteste mit ihrer penetranten Beschwörung von *Sesamstraße*, *Muppet Show*, *Mickey Mouse* und *Momo* eher an einen Buddelkastenaufstand als an politische Aktionen erinnern. Sie sprechen die einzige Sprache, in der sie überhaupt noch denken können, und fordern ›Schutzräume‹ für das, was zu verlieren sie doch als Befreiung erkennen müssen: für die möglichst lebenslange Konservierung ihres im pubertären Infantilismus steckengebliebenen Sozialcharakters.« (Klaue) Der sich noch in den »Occupy«-Protesten als, bei Lichte, Verlängerung kindlicher Trotzgesinnung bestaunen läßt, die zornig auf dem Hosenboden sitzen bleibt, wenn's jetzt nicht bald mal besser wird.

Das Tag und Nacht in Grund und Boden geförderte, mit Pädagogik und Tamtam zugehätschelte, in der raren Freizeit allenfalls »bespaßte« (oder, geradezu noch entsetzlicher, »bespielte«) Kind – die Schnullerfirma NUK nennt ihren Neugeborenenschnuller in allem tumben Ernst »Genius« –, das so wenige nicht zugeteilte Erfahrungen sammelt, daß es mittlerweile sogar die Industrie c/o Hochschulrektorenkonferenz stört – »Die Unternehmen brauchen Persönlichkeiten, nicht nur Absolventen« –, ist dabei die Nußschalenversion jenes pro forma Erwachsenen, dessen popkulturelle Leitverkör-

78

perung zur Zeit nicht unzufällig der Nerd ist: fachlich ein As, aber sozial retardiert, ein »high-functioning sociopath«, wie sich der Titelheld der BBC-Kriminalserie Sherlock Holmes, ein mit allen Anzeichen des Asperger-Syndroms versehener, unverschämter, aber höchstintelligenter zeitgenössischer Wiedergänger der Doyleschen Romanfigur, selbst charakterisiert. »Aber auch in Serien wie Community, Bones, Criminal Minds und Alphas finden sich solche Figuren. Ihr gemeinsames Stereotyp ist, daß sie sich obsessiv mit ihrem Fachgebiet beschäftigen, aber mit dem großen Apparat der sozialen Umgangsformen nicht umgehen können«, notiert der SZ-Autor Lars Weisbrod, der abschließend die Nerd-Figur Dr. House zitiert: »Du bist kein Autist und leidest nicht einmal an Asperger, das hättest du gern. Daß du dann von allen Regeln und Grenzen befreit und jeder Verantwortung entbunden wärst.«

Ja, das hätten sie gern; und sind dabei, wie die Erfahrung lehrt, längst nicht so angenehm wie die Serienfiguren, deren Unfähigkeit, mit dem großen Apparat der sozialen Umgangsformen umzugehen, schon deshalb unterhaltsamer ist, weil sie sich einfach abschalten lassen.

Daß mit dem Gesellschaftsapparat als solchem noch umgegangen werden könne, scheint dieser derweil selbst nicht mehr zu glauben, anders sich das umfänglich-ubiquitäre, Gängelung als Lebenshilfe verkaufende Ratschlagswesen im Zeitschriftenregal nicht mehr erklären läßt: »Wie flexibel muß ich sein?« / »Wann will ich ein Kind?« / »Warum uns der Schlaganfall Wolfgang Niedeckens so nahegeht« / »Guter Sex trotz Kindern. Geht das?« – der Gedanke, daß alles das Sachen wären, die selbst zu beurteilen und geregelt zu kriegen einem Erwachsenen nicht bloß zuzutrauen sind, sondern die selbst zu beurteilen und geregelt zu kriegen ihn als solchen geradezu konstituieren, verbietet sich freilich in einem Umfeld, das einerseits sich offen die Lüge traut, »uns« ginge der Schlaganfall eines Kölner Mundartsängers »nahe«, andererseits die Kundschaft sowieso entmündigt, wo es nur geht. »Liebe Eltern«, informiert uns auf der ersten Seite eines Kinderbuches eine Prof. Dr. Dagmar Winkels, »Lesen ist wichtig für die erfolgreiche Entwicklung Ihres Kindes.« Man liest und staunt. »Der erste Weg zum Lesen führt über das gemeinsame Anschauen und Vorlesen von Bilderbüchern.« Und nicht etwa über einen gemeinsamen Besuch beim Ingeborg-Bachmann-Wettbewerb. »Vorlesen ist die beste Leseförderung für Ihr Kind, denn Vorlesen fördert die Nähe zu Ihrem Kind. Vorlesen schult die sprachliche Entwicklung Ihres Kindes. Vorlesen weckt in Ihrem Kind die Freude am Lesen. Ideal sind täglich fünfzehn bis zwanzig Minuten Vorlesezeit an einem gemütlichen Ort« und also nicht in der Fußgängerzone oder auf dem Rollfeld des nächsten Flughafens – man weiß schier nicht, was dümmer ist: diese Betriebsanleitung für ein Bilderbuch oder die pädagogische Feierstimmung, die hier verbreitet wird und aus einer puren Selbstverständlichkeit ein Förderprogramm macht. Und aber auf dieser Frühstufe schon gar nicht mehr verhehlen kann, daß Erziehung keinesfalls eine zur Selbständigkeit mehr meint und Entwicklung bloß eine unbedingt erfolgreiche in Richtung Kompetenzinhaberschaft sein darf, wenn der »Sozialwert des einzelnen vor allem in Begriffen standardisierten Könnens und der Anpassungsfähigkeit bemessen [wird] statt nach autonomem Urteil und persönlicher Verantwortung« (Marcuse: *Triebstruktur und Gesellschaft*).

80

Wie der vergleichsweise läppischen Verantwortung dafür, was der Sohn aufs Pausenbrot bekommt: »Jeden Morgen mühen sich Eltern, ihren Kindern eine Sterne-Brotzeit zu kreieren. Von der Sisyphos-Arbeit am Pausenfrühstück der Kleinen. Von Julia Schaaf« (*F. A. S.*, 6. Februar 2013), die sich anrechnen lassen darf, mit einem der eventuell fünf allerkorruptesten, niederträchtigsten Sätze der vergangenen zehn Jahre niedergekommen zu sein, in dem die Dialektik von Hätschelwahn und eigener Regression sehr schön zum Ausdruck drängt; denn wer Kindern eine »Sterne-Brotzeit kreiert« oder das Kreieren von Sterne-Brotzeiten für Kinder für sinnvoll und notwendig hält, ist an Kopf und Gliedern tot und soll ruhig auch in Zukunft per rasendümmsten Sportreporteranglizismen – *kreieren*, kein »Dreckscheiß« (Podolski) übler als dieser – als exemplarisch eindimensionaler Mensch die Erinnerung an Marcuses altes Wort von der »Freiheit als Knechtschaft« aktuell halten.

Für wen zum Schluß auch immer.

Narzißmus, schreibt der Pallottinerpater und Psychotherapeut Jörg Müller in seinem Traktat *Die infantile Gesellschaft – Wie unsere Erziehung ein gesundes Selbstwertgefühl verhindert* (Kiel 2007), kann folgen sowohl aus übertriebener als auch fehlender Fürsorge im Kindesalter, und wenn wir annehmen, daß um die eine Hälfte der Kinder zuviel Geschiß gemacht wird und um die andere Hälfte zuwenig, daß sich übertriebene und fehlende Fürsorge in manchem Leistungsträgerhaushalt schon kaum mehr unterscheiden lassen – »Und die Kinder werden oft als eine Art gemeinsames Luxusgut betrachtet; täglich drei Kurse und danach noch Sport und Geige« (Heinz Strunk) – und diese zugerichtete »Kindheit«, weil sie keine

Entwicklung mehr vorsieht, halt auch nicht aufhören kann: »Der Jugendforscher Mathias Albert attestiert der [gegenwärtigen] Generation, unter Druck durch Turboschule und Bologna-Studium gescheucht, ohne Auszeiten und klaren Übergang ins Erwachsenwerden, eine ›fortgesetzte Adoleszenz‹« (*Geo* 2/2013), dann ist das Unheil auch schon da und Contenance kaum mehr zu haben. »Wir haben es beim Narzißmus mit einer Charakterstörung zu tun, die kaum therapierbar ist. Ein festes Geborgenheitsgefühl, das unabhängig von Verdiensten dem Kind von den Eltern garantiert wird, ist während der infantilen Entwicklung unerläßlich. Andernfalls kommt es später zu sozialen Ausfällen und zu ständigen Bemühungen, das eigene Selbstwertgefühl aufrechtzuerhalten. So kommt der Mensch nicht mehr heraus aus seiner infantilen Selbstbezogenheit.« (Müller)

Unabhängig von Verdiensten? »Dreimal laut gelacht« (Strunk). Die Zeiten sind vorbei. Es gilt die Losung von Mercedes: »Das Beste oder nichts.« »Die soziale Mitte in Deutschland ist geradezu in Panik, sie könne für ihre Kinder lebensentscheidende Gelegenheiten verpassen und die Weichen für künftige Karrieren nicht rechtzeitig stellen«, berichtet der Politikwissenschaftler Franz Walter von den Zuständen in einer »zunehmend tribalistischen Gesellschaft sich scharf abgrenzender Schichten und Lebenskreise« (*Baustelle Deutschland – Politik ohne Lagerbildung*, Frankfurt / Main 2008). »In den Haushalten der Mitte findet man Beziehungsratgeber aller Art, Bücher zur frühkindlichen Förderung, Publikationen über Lese- und Lernstoff für den reibungslosen Übergang von der Grundschule zum Gymnasium, Tips für ein Auslandsjahr von Schülern nach Abschluß der Mittelstufe. Die Mitte will par-

82

tout nichts falsch machen, will um nichts in der Welt eine Chance zur besseren Ausbildung und Qualifikation ihrer Kinder versäumen. Im Zuge dieses Chancen-Nutzen-Drucks über Bildungszugänge aber hat sich das Eltern-Kind-Verhältnis zu einem eisernen Förderungs- und Forderungsverhältnis transformiert, in dem nunmehr Schule, Unterricht, Lehrer und vor allem Noten vollauf im Mittelpunkt stehen.« In dieser sogenannten »Chancengesellschaft«, in der »Chancen nutzen« (SPD) heißt, daß alle, um ihre Chance zu wahren, beim »kompromißlosen Hauen und Stechen« (Walter) lebenslang mittun müssen, ist Versagen dann tatsächlich der Tod: »Wer in dieser individualisierten Schlacht durch rigide Chancennutzung nicht mithält, hat rundum und für allemal verloren. [...] Denn fortan gilt als ›gerecht‹ gescheitert, wer im fairen Chancenwettbewerb versagt hat, die erforderliche Leistung nicht zu erbringen vermochte, also selbst für sein negatives Schicksal verantwortlich ist, genauer: gemacht wird.« (Ebenda)

Wer inmitten dieser Schweinerei noch Geborgenheits- und Selbstwertgefühle sucht, der mag in Gottes Namen Party machen, beim BOKWA® mithampeln oder dem nächstbesten Passantenarschloch aufs Maul hauen; oder er mag sie da finden, wo es mit dem Eigenwert auch schon nicht weit her war: »Wie war das noch mal, als man zwischen Weltschmerz und Liebesglück, Depression und Größenwahn stündlich hin und her taumelte? Toll war's – und ›sooo scheiße‹. Beim Hamburger ›Diary Slam‹ lesen sich erwachsene Menschen aus ihren Jugendtagebüchern vor« (*Süddeutsche Zeitung*, 25. März 2013), erwachsene Menschen, die Schlagercontest und *Die Sendung mit der Maus* schauen, ihre Sätze aus »Wahnsinn«, »Hammer«

und »sensationell« zusammenstammeln und es voll doof finden, daß es das Stieleis ihrer Kindheit nicht mehr gibt: »Seit zwölf Jahren gibt es kein Dolomiti-Eis mehr, es bleibt jedoch unvergessen. Das zeigen die zahlreichen Zuschriften, die wir auf unseren Aufruf erhielten. Etwa die Hälfte enthielten die Botschaft: ›Gebt uns Dolomiti wieder!‹« (www.sueddeutsche.de)

Sonst passiert was.

»Das ›Infantilisieren‹ – oder eben auch einfach: Verblöden (einschließlich einer Überführung der Gewalt in ein kindliches Beschmutzen und Umschmeißen […]) – ist daher notwendige Reaktion und Ableitung. Man könnte auch sagen: Die Bilder, Worte, Erzählungen, Events et cetera müssen ›kindisch‹ werden, um ihren eigentlichen Gehalt, Begehren, Gewalt und Angst, nicht preisgeben zu müssen.« (Metz / Seeßlen) Infantile fliehen in die Regression, weil sie »verjährte Angstbedingungen nicht überwinden« (Sigmund Freud), wobei es bekanntlich der größte Stolz gegenwärtiger Gesellschaft ist, die Verjährungsfrist für Angstbedingungen abgeschafft zu haben. Bleibt mithin die Angst, seine »Eier« (Oliver Kahn) zu verlieren, denn »es zählt nur der erste Platz« (derselbe), oder die verwandte, erst gar keine zu haben, weshalb »das kleine Mädchen […] die Kränkungen des Penisneids durch Magie und Zauberei zu überwinden sucht« (Anna Freud: *Das Ich und die Abwehrmechanismen*) und im witzig-niedlichen Twingo mit den Kulleraugenscheinwerfern auf Mittelaltermärkte oder PUR-Konzerte fährt, die Diddl-Maus am Hello-Kitty-Rucksack. Und der kleine Junge, egal welchen Alters, unter Autos »mit aggressivem Auftritt« wählen kann, die allesamt aussehen, als seien sie von Halbstarken für Halbstarke gemacht.

84

Und abends sitzen beide vor der Glotze und lassen sich vom Quotenprogramm da abholen, wo sie stehen:

Kinderfernsehen.

Was immerhin Erscheinungen wie *Die Kochprofis* (RTL 2) ermöglicht, vier schauderhaft Berufsjugendliche mit Ziegenbärten und Discoabend-Frisuren bzw. »die vier Spitzenköche Frank Oehler, Mike Süsser, Ole Plogstedt und Andreas Schweiger«, die durch die Lokale von ambitionierten Kreisklasseköchen stiefeln, »um in kulinarischen Krisengebieten aufzuräumen«, was bedeutet, den Fraß erst einmal zu verkosten – und zwar mit Tischmanieren, die jeder Beschreibung so nachdrücklich spotten, daß von solch apriorischer Respektlosigkeit bloß wieder eine schnurgerade Linie zu Elias' Beobachtung führt, wonach sich der Stand einer Zivilisation an ihren Tischsitten ablesen läßt. Denn wo man nicht mehr mit der bloßen Hand in den Kohl faßt und also »der Zwang zur Selbstkontrolle wächst«, haben wir eine »im Innern pazifizierte« Gesellschaft, wo er schwindet, eine, in der sogenannte Kochprofis dafür bezahlt werden, Elendshäufchen vorzuführen, die ihre »Chance« versieben und heulend Kopf und Löffel hängenlassen, zur Unterhaltung und Belehrung eines Publikums, das nach Kinderart applaudiert, wo gehänselt wird und runtergemacht.

Daß derlei nicht angehe, hat man uns noch beigebracht. Aber wir sollten – und wollten – ja auch erwachsen werden.

»Erwachsene entwickeln sich in die Adoleszenz zurück, Heranwachsende, die diese Tendenz beobachten, verspüren keinen Antrieb, erwachsen zu werden«, klagt der konservative US-amerikanische Lyriker und Buchautor Robert Bly über die »Gesellschaft der Halberwachsenen«, in welcher der »Konsumkapitalismus mit seiner Abhängigkeit von der Stimulation der menschlichen Besitzgier etwas Grundlegendes in der psychischen Struktur des Menschen verändert hat« (*Die kindliche Gesellschaft – Über die Weigerung, erwachsen zu werden*, München 1997), denn so regressiv, wie der Laden seine Kundschaft, die nichts als Kundschaft sein soll, braucht (so blöd nämlich, wie er ihr im Werbespot vorlügt, daß sie nicht sei), so wird sie dann auch. Was, man gewöhnt sich an vieles, im Grundsatz vielleicht »nicht ›schlimm‹« (Reents) wäre und so okay wie, ja-ha!, die »primitive, humorlose Barbarei, die in Grunge Rock, Action-Filmen und masochistischen Praktiken wie Piercing ihren adäquaten Ausdruck findet« (Bly), wenn wir, von links, nicht die Ahnung teilten, daß »die Verblödung [...] gleichsam automatisch zu faschisiertem Denken, Sprechen und Empfinden führt« (Metz/Seeßlen) und es »in einer kindlichen Gesellschaft [wenig gibt], was das Abrutschen in primitive und faschistoide Verhaltensweisen verhindern könnte« (Bly).

Nämlich Rücksicht, Reflexion, Dezenz: Zivilisation.

Man kann, wie eine Marianne Oertl im unverwüstlich fortschrittsfreudigen *P. M. Magazin*, freilich auch andersherum fragen: »Man kann aber auch andersherum fragen: Was ist eigentlich so schlimm daran, wenn Erwachsene *Der kleine Prinz* lesen oder sich für Comics begeistern? Können Vorurteils- und Bedenkenträger nicht Wesentliches von Kindern und Jugendlichen lernen? Sie gehen spontan, wißbegierig und kreativ zu Werke, wenn sie Dinge erforschen. Und sie sind mit allen Sinnen dabei, wollen nicht nur etwas Neues erfahren, sondern dabei auch ihre Gefühle mit anderen austauschen. Und vor allem wollen sie etwas selber tun, selber ausprobieren, um die Welt zu verbessern. Ganz zu schweigen

vom Charme der Unbefangenheit, mit dem sie ihre Erkennt-
nisse mitteilen«, spätestens hier:

Stop.

»Die Welt gehört in Kinderhände« (Grönemeyer)? »Mein
Eindruck: Da ist sie schon« (Fanny Müller).

Es gnade uns Gott.

VERDERBEN

Wo viel (zumal gebraucht) gelesen wird, aber kein Buchhandel noch Antiquariat in der Nähe ist; wo es für ein altes Auto, das trotzdem fahren soll, Ersatzteile braucht; wo vielleicht sogar ein Neugeborenes Aufmerksamkeit heischt, die Freunde und Anverwandte per Stofftiersendung erbieten, da kommt der Mann, der Päckchen bringt, bisweilen öfter.

Der Postmann, der die Päckchen bringt, muß dabei in den dritten Stock; beziehungsweise müßte, wenn es der Empfänger nicht seit je für selbstverständlich hielte, das eigne Wohl, soweit das geht, mit dem der andren zu verrechnen, weshalb die Eliassche »Peinlichkeitsschwelle« nicht zu übertreten und dem Postmann, wo man schon ständig so faul seine Dienste in Anspruch nimmt, im Doppelsinn entgegenzukommen eins sind. Und sei's, wie meist, im Bademantel.

Nach Wochen, nach Monaten wird der Empfänger, halbe Treppe, unversehens namentlich begrüßt.

Der Empfänger freut sich ehrlich: »Und Sie sind der Herr ...?«

»Brandauer! Leicht zu merken! Einen schönen Tag noch!« Er strahlt; er strahlt tatsächlich.

»Ihnen auch, Herr Brandauer!«

»Bis morgen!«

»Ja-hahaha, bis morgen!«

89

Daß ein »Miteinander« (Käßmann), selbst unter den fürs erste wahrscheinlich weiter obwaltenden Verhältnissen, möglich ist, ist dabei so wahr wie sein Gegenteil. Hermann Peter Piwitt in *Steinzeit – Notate zur Nacht 1989 bis 2002* (Hannover 2003): »Daß Manieren […] nun nichts mehr gelten«, sei »in den Parks zu besichtigen […]: grau in grau bunte Blase, gehorsam in ihre Polyamid-Häute gezwängt. […] Endlich selbstverwirklichte Arschgesichter in martialischen Ausstattungen auf der großen Wiese im Stadtpark bei Baseball, American Football, Kampfhundbundtreffen und Sportdrachensteigenlassen auf engstem Raum, Fluggeräte, bei hinreichend frischem Nordost ganze Familien damit hinwegzurasieren!« Deren Killernachwuchs dann allerdings endlich mal die infernalische Klappe hielte, denn selbst die »Kleinsten« dürfen heute, wir sagten es, alleweil einfach alles: kreischen, herumschlägern, heulen, Fremde begrapschen, Fußbälle durch Biergärten bolzen, ohne daß die hochherrlichen Eltern und insbesondere biohedonistischen Mütter auch nur auf den Gedanken kämen, eine Grenze zu ziehen.

Solche Großstadtkretins ohne jegliches Gespür für soziale Gepflogenheiten randalieren in unausgesprochener Übereinstimmung mit sonstigen Riesenrowdyrüpeln jedweder Couleur zu jeder Zeit an jedem Ort vor sich hin. An sie zu appellieren, ihren Ton, ihr Benehmen zu mildern, zurückzukehren zu einem erträglichen, einem schlicht anständigen Miteinander, »um den Umgang leicht, angenehm zu machen und das gesellige Leben zu erleichtern« (Knigge) – wäre es nicht aussichtslos?

Immanuel Kants der Frage nach dem »Ende aller Hostilitäten« gewidmete Schrift *Zum ewigen Frieden* (1795) behandelt

Staaten als »moralische Personen«, »die sich in ihrem Naturzustande [...] schon durch ihr Nebeneinandersein lädieren« und »untereinander aufreiben«. Und obwohl wir »die Anhänglichkeit der Wilden an ihre gesetzlose Freiheit, sich lieber unaufhörlich zu balgen, als sich einem gesetzlichen, von ihnen selbst zu konstituierenden Zwange zu unterwerfen, mithin die tolle Freiheit der vernünftigen vorzuziehen, mit tiefer Verachtung ansehen und als Rohigkeit, Ungeschliffenheit und viehische Abwürdigung der Menschheit betrachten«, ist es gut zweihundert Jahre später mit dem »a priori gegebenen allgemeinen Willen« zum rechten Verhalten nach wie vor alles andere als weit her. Schön steht er da, der Satz, als schwächliches Echo aus fernen Zeiten: »Handle so, daß du wollen kannst, deine Maxime solle ein allgemeines Gesetz werden.«

Trotz der mit Hadersucht und Feindseligkeit befrachteten »Verschiedenheit des partikularen Wollens« glaubte Kant, »das moralische Prinzip im Menschen erlöscht nie«. Zumal in Anbetracht der »Durchkapitalisierung der Lebenswelt« (Habermas; Frank Schirrmacher spricht von der »Ökonomisierung sämtlicher Lebensbereiche«, für deren Durchsetzung »Talkshows wie die von Sabine Christiansen maßgeblich« gewesen seien) unter der Herrschaft von – Kant wußte oder ahnte es – »Geldmacht« und »Afterpolitik« wird man indes zum moralischen oder ethischen Atheisten. Im übrigen schnurrte schon der Fortschrittsbegriff, der in der bürgerlichen Gesellschaft des 18. Jahrhunderts zirkulierte, mehr oder weniger darauf zusammen, »die Raffgier als einzige gesellschaftliche Triebkraft zu installieren« (Michael Scharang: *Bleibt Peymann in Wien oder kommt der Kommunismus wieder*, Hamburg 1993). Marx in den

Ökonomisch-philosophischen Manuskripten (1844): »Das Bedürfnis des Geldes ist daher das wahre, von der Nationalökonomie produzierte Bedürfnis und das einzige Bedürfnis, das sie produziert.«

»Bei Fortdauer bürgerlicher Herrschaft wird auch die Anstrengung immer verzweifelter, die Erinnerung zu bewahren an die einfachsten Einsichten von früher, zum Beispiel, daß Geldordnung und Bürgertum, mögen mittlerweile Millionen anderer Ausdrücke gedruckt worden sein, weiter nichts als stupid und degoutant sind«, schreibt Scharang. Und was brächte die Soziopathologie des Alltagslebens prägnanter auf den Begriff als ein Werbespruch wie »Geiz ist geil«, der ein Bruder der Parole *»Greed is good«* (Gier ist gut) des selbstverständlich kriminellen US-Börsenspekulanten Ivan F. Boesky ist? Und wieso staunen wir bloß baß darüber, daß der Kunsthistoriker Wolfgang Ullrich (*Alles nur Konsum – Kritik der warenästhetischen Erziehung,* Berlin 2013) jüngst »im modernen Konsum die Ursache für Risse in unserer Gesellschaft« *(Spiegel Online)* entdeckte? Weil, sofern Geiz und Konsum geil sind, die daraus zu deduzierende Obergeilheit auf Geld jede Regung des bekloppten Lebens präformiert oder penetriert und, im Umkehrschluß, die Gebrauchswerte zum Teufel gehen, da sie dem enthemmten Verschleiß und Verbrauch (von Naturgütern, von Menschen) im Wege stehen? (Man kaufe eine Markenjeans, sie ist nach zwei Monaten hinüber. Früher hielten Beinkleider zwanzig Jahre.)

Geldgier, die »neue Potenz des wechselseitigen Betrugs« (Marx), macht stumpf, gemein, rücksichtslos – ein alter Hut, aber die Kardinaltugend des Marktmenschen ist heute der gefragteste aller Glaubensartikel, bestrickend versinnbildlicht in Josef Ackermanns Victory-Zeichen (2004, vor Gericht) samt polierwürdiger Grinsvisage. Daß, mit Peter Sodann zu reden, der ehemalige Chef der Deutschen Bank hinter Gitter gehört, ist ein Erfordernis zumindest der Sozialhygiene, was sogar ein Organ wie das *manager magazin* cum grano salis halbherzig-implizit konzediert, wenn es angesichts epidemischer »systembedingter« Korruptionsaffären (»Profit ohne Moral – Die Verrohung der Sitten«, 9 / 2007) fragt: »Haben wir es nur noch mit einer Horde von Zockern und Halbkriminellen in den Führungsgremien zu tun?« Und antwortet: »Der Wettbewerb um die guten Plätze – zwischen den Unternehmen und innerhalb der Unternehmen – hat kriegerische Ausmaße erreicht, und im Krieg gibt es bekanntermaßen keine Spielregeln, nur Sieger und Verlierer. […] Moral und Ethik sind Themen für feierliche Symposien. Im geschäftlichen Alltag gewinnt der, der vor nichts zurückschreckt, auch nicht vor dem höchsten Risiko und der ultimativen Grenzüberschreitung. […] Anstand und Spielregeln gibt es in diesen Kreisen nicht mehr.« (Erschütternde Protokolle aus dem Gaunerkosmos des Finanzhypermonopols findet man in *Strukturierte Verantwortungslosigkeit – Berichte aus der Bankenwelt*, Berlin 2010.)

»Das Problem von sittlich-ethischem Verhalten ist: Es rentiert sich nicht«, resümiert Jörg Schindler. »Im Gegenteil. Wer anderen heute noch eine Tür aufhält, der gewährt sich selbst erst als zweitem Zutritt. Wer sich höflich hinten anstellt, der hat alle anderen vor sich. […] Wir haben uns angewöhnt – angewöhnen lassen –, unseren gesamten Alltag in Euro und Cent zu bemessen. […] Wer sie [die Aktien- und andere Werte; d. Verf.] nicht akkumuliert, ist selber schuld, wenn er im Verteilungskampf hinten runterfällt. […] Und so lassen sich alle, vom Rentner bis zum Kleinkind, immer weiter in einen Statuswettkampf verstricken, in dem derjenige weiterkommt, der keine Rücksichten nimmt, sich nicht mit Nettigkeiten aufhält und Regeln nach seinem eigenen Gusto interpretiert.«

Sämtliche »Peinlichkeitsstandards« »aus gesellschaftlicher Rücksicht« scheinen geschliffen, die »Angriffslust«, einst durch »soziogene« »Selbstzwänge« gezügelt oder abgeschafft, feiert hie wie da Urständ, die »Zivilisation des Verhaltens« (Elias) ist am Ende, »die Abwertung der Scham und Ehre« (Hegel) vollkommen. Ein Narr, wer »vermeint, die mit barbarischer Güterverschwendung erkaufte Zivilgesellschaft sei bereits in der Triebstruktur des Mitteleuropäers justiert, weil es beim Streit um Partymöpschen und Swatchuhren in limitierter Edition keine Toten gibt« (Piwitt); die es bald geben dürfte. Daran wird Herrn Gaucks in einem lachhaften, leeren Freiheitsbegriff (Freiheit sei »notwendige Bedingung von Gerechtigkeit«, na logisch) gründendes Pathosgeschwätz von der »offenen Bürgergesellschaft« als »einer politischen und ethischen Wertegemeinschaft« nichts ändern, au contraire.

Norbert Elias müßte dem *Prozeß der Zivilisation* ein viele hundert Seiten starkes Supplementkapitel hinzufügen und es »Der Prozeß der Entzivilisierung« betiteln. Wenn »die Menschen gezwungen werden, miteinander in Frieden zu leben, dann ändert sich auch ganz allmählich die Affektmodellierung und der Standard des Triebhaushalts. Dann schreiten [...] langsam die relative Zurückhaltung und die ›Rücksicht der Menschen aufeinander‹ zunächst im Alltag, im normalen gesellschaftlichen Leben fort.« Werden die Menschen gezwungen, sich ständig und überall gegenseitig an die Karre zu fahren, wegzubeißen, wegzutreten, dann verschwinden die relative

Zurückhaltung und die Rücksicht der Menschen aufeinander, bisweilen sogar schneller, als es der Bundespräsident erlaubt. Das ist der »Zusammenhang von Gesellschaftsaufbau und Affektaufbau« (Elias).

Kant? Eher Thomas Hobbes. Im Bellum omnium contra omnes, im Krieg aller gegen alle, hat »jeder das Recht [...] zu allen Sachen« (*Über den Bürger*, 1642). Ergebnis: »ein tausendfaches Elend; Furcht, gemordet zu werden, stündliche Gefahr, ein einsames, kümmerliches, rohes und kurz dauerndes Leben.« (*Leviathan*, 1651) Wogegen, siehe Gauck, item H. Kohls Schulranzen-Hölderlin-Sprüchlein vom Rettenden, das wachse, wo Gefahr sei, nicht hilft.

»Beim Krieg aller gegen alle kann auch nichts ungerecht genannt werden« (Hobbes). Es ist halt der Naturzustand, in dem die »Naturgesetze« des Marktes obwalten, und wo »die Gesellschaft mit Gewalt zu einem Anhängsel des Marktes umgeschult wurde«, ward »das siegreiche System zu wirtschaften« zur inneren Natur, »als sei es das Leben, das Sein selbst« (Piwitt). Woraus folgt: »Das Naturrecht ist die Freiheit, nach welcher ein jeder zur Erhaltung seiner selbst seine Kräfte beliebig gebrauchen und folglich alles, was dazu etwas beizutragen scheint, tun kann. [...] Weil nun [...] die Menschen sich in dem Zustande des Krieges aller gegen alle befinden und jeder sich der Leitung seiner eigenen Vernunft überläßt [...], folgt, daß im Naturzustande alle ein Recht auf alles, die Menschen selbst nicht ausgenommen, besitzen.« (*Leviathan*)

Voilà. Die FDP und alle anderen werden es mit Begeisterung vernehmen. Außer Helmut Schmidt: »Wer meint, man könnte alles dem Markt überlassen, ist ein Trottel.« Beziehungsweise ein Apologet jenes Sauhaufens, in dem wir, die »schamlos arschlöcherige Gegenwart des neueren Deutschland« (Magnus Klaue) Tag für Tag erduldend, »freudlos« und »höchst beschwerlich« *(Leviathan)* zu leben genötigt sind.

Thomas Kapielski hat die Konsequenzen der stillschweigenden Aufkündigung des gesellschaftlichen Konsensus über ein moderates und moderierendes Miteinander unter dem Leitwort vom »Kalten Frieden« (www.faustkultur.de, April 2013) skizziert: »Die derzeit unter uns gängige Gewalt und Willkür, ob ruchlos oder nur dreist, ist schamlos, sie verhehlt und schämt sich selten noch; vom Krieg allerdings wähnt sie sich fern; es sei denn, sie droht mit Krieg in den Städten, ruft auf zu einem heiligen oder eigenmächtigen. […] Ein Kalter Friede vertilgt, indem er arm und armselig, siech und dumm macht. Er zersetzt Vermögen, Geist und Gesittung der Menschen, überdies noch all die schwer wägbaren, gewöhnlichen Sittsamkeiten: Zuversicht, Freundlichkeit, Benehmen, Frohsinn und dergleichen. Auch dies sind der Menschen mühsam erworbene Besitztümer; sie stiften Ordnung, Heil und Wohlstand, sind zerbrechliches, nichtsdestoweniger grundlegendes Gut inmitten einer brüchigen Welt. Sie stillen gleichfalls Beutegier.«

Die Welt zerbröselt, zersplittert, gerade weil sie »ein geschlossenes Faktenwahnsystem« (Piwitt) der Rechenhaftigkeit, der stets gesteigerten Zurichtung und Exploitation, der Profiterpressung, der Plünderung und des Raubes ist. Die Fragilität der rudimentären sozialen Kohäsion verdankt sich der politisch intendierten Inthronisation einer Wirtschaftsweise, wie es sie derart exzessiv und expansiv nie zuvor gegeben hat. »Das Gemeinwohl zerfällt in einen sozialen Krieg

96

aller gegen alle, der sich mit einigen karitativen Gesten tarnt« (Metz / Seeßlen), und der dumpfe Haß der allein auf sich gestellten, zum Schein »freien« Profitcenter namens »Individuen«, dieser »gereizten Barbaren« (ebenda), wütet gegen die Idee des Gemeinwohls selbst genauso wie gegen jene, die der täglichen Knechtschaft nicht mehr gewachsen sind.

All das, prognostizieren Markus Metz und Georg Seeßlen, führt »früher oder später zum Bürgerkrieg oder, genauer gesagt, zum offenen Ausbruch des verdeckten Bürgerkriegs«. Hans Magnus Enzensberger beobachtete bereits Anfang der neunziger Jahre: »Heutige Bürgerkriege entzünden sich spontan, von innen her«, der Mob, Hooligans und Banden, aber auch Bürger – allesamt gleichermaßen Autisten – trügen ihn in die Metropolen, schließlich »schießen überall Verlierer auf Verlierer«, »jeder gegen jeden und vor allem gegen seine Nachbarn« (Hannah Arendt): »Es genügt, daß einer einen anderen Fußballklub bevorzugt, daß sein Gemüseladen besser geht als der nebenan, daß er anders angezogen ist, daß er eine andere Sprache spricht, daß er einen Rollstuhl braucht oder sie ein Kopftuch trägt.« (Enzensberger)

Was wir gewärtigen, das ist der »Zustand völliger Asozialität«, in dem sich die expandierende Bosheit der degradierten Markt-, Konsum- und Arbeitssubjekte mit dem entfesselten Selbsthaß des zugrunde gerichteten einzelnen paart. Das »Leistungssubjekt« unserer Tage, erläutert Byung-Chul Han in seinem Traktat *Müdigkeitsgesellschaft* (Berlin 2010), tut »sich selbst Gewalt an«, führt im Bann der »Gewalt der Positivität, die von der Überproduktion, Überleistung und Überkommunikation herrührt« und sich zu einer gesellschaftlichen Immanenz verdichtet hat, aus der es kein Entrinnen gibt,

97

»mit sich selbst Krieg«. Das paradoxal entfesselt-gefesselte spätkapitalistische *animal laborans* folgt einer Maxime, die es nicht kennt (Metz / Seeßlen: »Wachstum erzeugt Blödheit«), und wähnt sich in der vollendeten Unfreiheit der Selbstausbeutung und -vermarktung frei. Jene »ist effizienter als die Fremdausbeutung, denn sie geht mit dem Gefühl der Freiheit einher. Der Ausbeutende ist gleichzeitig der Ausgebeutete. [...] Diese Selbstbezüglichkeit erzeugt eine paradoxe Freiheit, die auf Grund der ihr innewohnenden Zwangsstrukturen in Gewalt umschlägt.«

Wo jeder »sein Arbeitslager mit sich [führt]«, substituiert schwachsinnig-hysterischer (Multitasking-)Aktivismus die Wahrnehmung und die Erfahrung, ersetzt das Überleben das Leben. Wo einmal Produktion war, sind heute Projekte, wo Arbeit war, ist heute der Erfolg. »Selbstreklame«, kombiniert mit der hochsinnvollen Mobilität und freilich allgemeinem »Mißtrauen« (Kaube) jedem gegenüber, ist Trumpf, der Selbsterhaltungstrieb als neuer Selbstinszenierungs- und expressiver -behauptungstrieb bestimmt jede Lebensäußerung, und am Ende der Fragmentierung und Erosion des ehedem alterisierenden Ichs steht das Wrack: »Der Depressive ist der Invalide dieses internalisierten Krieges.« (Han)

In *Transparenzgesellschaft* (Berlin 2013) erweitert Han seine Analyse der Gegenwartsgesellschaft als einer »Positivgesellschaft« und »autistischen Leistungsmaschine«, die Idioten zeugt, in sich einspeist, aussaugt und dann ausspeit, um diverse im engeren Sinne kulturelle Aspekte. Der Fetisch der Transparenz aller Beziehungen antwortet unterschwellig auf die Allmacht des Geldes, des Tauschprinzips, das, weil sämtliche Dinge und Äußerungen vergleichbar sein müssen, Denken und Handeln operationalisiert, also zu reinen Rechenleistungen und rein berechnendem Verhalten herabwürdigt. In der »Hölle des Gleichen« werden die »Negativität der Anders- und Fremdheit« und »die Widerständigkeit des Anderen« zugunsten der Stabilisierung und Akzeleration der systemischen Prozesse ausgelöscht. Han spricht explizit von »Gleichschaltung«, »Nivellierung«, »Gewalt der Transparenz«, von totaler Erfassung und Funktionalisierung des Menschen.

Der heutige, steil aufstrebende, sich final optimierende Mensch betet die auf Festplatten angehäuften Informationsmüllberge an und ist dumm wie Bohnenkraut. Daß Denken Zeit verlangt, Pausen, Ruhe, Muße, »Negativität«, davon hört er nichts mehr läuten. »Die dümmliche Metapher von der Wissensexplosion macht auch dem letzten klar, daß lebenslanges Lernen im neoliberalen Fitneßstudio angesagt ist. Und nicht etwa dauerhafte Erkenntnis und distanzierte Bildung. […] Damit ist es nun vorbei«, hält Clemens Knobloch fest. »Kein Zweifel, daß als Wissen nur anerkannt werden wird, was wirtschaftlich verwertbar ist (und nur, solange es wirtschaftlich verwertbar ist). Der unverkennbar drohende Unterton in den Parolen vom lebenslangen Lernen rührt daher.« Und Richard Münch ergänzt: »Unter dem Regime von PISA wird die Gesellschaft zu einer Art totaler Besserungsanstalt, die auf dem Wege des lebenslangen Lernens dafür sorgt, daß niemand ausfällt, der oder die im internationalen Wettbewerb gebraucht wird.«

»Die Negativität der Ablehnung läßt sich […] nicht ökonomisch verwerten«, fährt Han fort, hingegen der »Ausstellungswert« des Netzexhibitionisten, der unterm Diktat der »Hypervisibilität« sein »Face« und seine »Skills« als Waren zu Markte

99

trägt, während er sein Gesicht endgültig verloren hat und in einer durch und durch »pornographischen Gesellschaft« angekommen ist: »Alles ist nach außen gekehrt, enthüllt, entblößt, entkleidet und exponiert. Der Exzeß der Ausstellung macht aus allem eine Ware [...]. Ausstellung ist Ausbeutung.«

Hans bestechende Ausführungen rekurrieren auf Adornos und Debords theoretische Zugriffe, ohne daß deren Namen fielen. Die allwaltende Obszönität des Beschleunigungs-, Vermehrungs- und Anpreisungs- beziehungsweise Wettbewerbsfetischs, »die das Reelle in seiner Gesamtheit nach ihrem Modell hat zuschneiden können« und die in »der völligen Beschlagnahme des gesellschaftlichen Lebens durch die akkumulierten Ergebnisse der Wirtschaft« (Debord) kulminiert – und zwar als »sichtbare Negation des Lebens« –, verbietet und eliminiert nicht nur Erkenntnis und Kritik, sondern schafft eine grauenerregende »Intimgesellschaft«, in der sich zusammenrottende Hohlköpfe und Zwangscharaktere einander fortgesetzt unnachgiebig auf die Pelle rücken und die letzten Bezirke von Öffentlichkeit zugunsten personalisierter und psychologisierter »Beziehungen« pulverisieren, auf daß niemand mehr sehe, was um ihn herum und mit ihm geschieht. Das ist, gewissermaßen in Umkehrung oder aufgeweichter Form, exakt die Funktion des Fetischcharakters der Ware: die Verschleierung gesellschaftlicher (Macht-)Verhältnisse als Beziehungen zwischen Dingen, die jetzt als »Menschen«, »Ichs«, »User« figurieren.

Transparenz, das heißt allseitige Durch- und Ausleuchtung – darin schließt sich Han Richard Sennett an –, ist Tyrannei zwecks »maximalen Profits, maximaler Aufmerksamkeit«, und »die lautstarke Forderung nach Transparenz weist gerade darauf hin, daß das moralische Fundament der Gesellschaft brüchig geworden ist, daß moralische Werte wie Ehrlichkeit oder Aufrichtigkeit immer mehr an Bedeutung verlieren«, von Zurückhaltung, »Respekt vor der Privatheit anderer« (Sennett), Zuvorkommenheit, in summa: reflektiert-nachsichtiger Interaktion zu schweigen.

Aus dem wie betäubt vor sich hin sabbernden und werkelnden »Menschentier« »ein gesellschaftliches Wesen zu machen« (Sennett), durch eine wohlbegründete Grenzziehung zwischen Privatem und Öffentlichem – passé. Hand in Hand gehen die Aufblähung der Egos und die grelle, geifernde Verhöhnung und Denunziation des Sozialen, genuin öffentlicher Belange, »der Politik«, »der Demokratie«. Wir gaffen auf »ein öffentliches Leben, das leer ist« (Sennett), und bestaunen »ein neues menschliches Wesen, das mit dem Begriff der ›Persönlichkeit‹ nicht mehr zu beschreiben ist und das den öffentlichen Raum nur noch mehrfach vernetzt und mehrfach gespiegelt betreten kann. Dabei leert sich dieser Raum ebenso wie das Innere dieses neuen menschlichen Wesens.« (Metz / Seeßlen)

Ein Trümmerfeld, ein Schlachtfeld, im Außen wie im Innen. »Was tun?« (Lenin) An »Zartheit und Selbstbeherrschung« (Georg Simmel) erinnern, die das Benehmen daran ausrichten, den anderen nicht als Höhlen- und Hölleninsassen, sondern als eigensinnigen, womöglich geheimnisvollen je einzelnen zu perzipieren und anzuerkennen? Das »Pathos der Distanz« einüben, weil geregelte »Distanz und Scham […] sich nicht in die beschleunigten Kreisläufe des Kapitals, der Information und der Kommunikation integrieren« (Han) lassen?

»Mitfühlend sehe ich / Die geschwollenen Stirnadern, andeutend / Wie anstrengend es ist, böse zu sein«, heißt es in Brechts Gedicht »Die Maske des Bösen«. Für Brecht war Freundlichkeit eine politische Kategorie, eine erlernbare Haltung, und »wo Freundlichkeit nicht geübt werden kann, wegen der Härte der Klassenauseinandersetzungen, leben wir in finsteren Zeiten« (Christian Semler).

»Das übermäßige Interesse an Personen auf Kosten der gesellschaftlichen Beziehungen«, merkt Richard Sennett an, wirke »wie ein Filter, der unser rationales Gesellschaftsverständnis verfärbt. Er verdeckt, daß der Klassenbegriff in der fortgeschrittenen Industriegesellschaft nach wie vor von Bedeutung ist.« Diese Tatsache zu verschweigen ist zwar à la mode, doch zu proklamieren, »daß die marxistische Analyse aus der Mode gekommen ist, dürfte nur Schwachköpfen als Argument willkommen sein« (Enzensberger).

Zweifellos, das Klassenbewußtsein ist im Verschwinden begriffen, wenn nicht gar weithin abhanden gekommen. »Die Klasse als gesellschaftliche Realität, die ihre eigene Logik besitzt und deren Logik sich verändern läßt, wird nicht mehr wahrgenommen. Die individuelle Position hängt von den Fähigkeiten ab, über die man verfügt« (Sennett), nämlich »je nach der marktfähigen Leistungsfähigkeit« (Wehler). Und dennoch bleibt mit Hans-Ulrich Wehler festzuhalten: »Vor kurzem noch galt es unter namhaften deutschen Soziologen als chic, anstelle der harten Barrieren der sozialen Ungleichheit die bunte Vielfalt der Individualisierung und Pluralisierung zu beschwören. Anstatt die Hierarchie der Klassenformationen, auch der Eliten und der Unterschichten zu analysieren, wurde statt dessen die Vorherrschaft vager Milieus und diverser Lebensstile ins Feld geführt [...], da der in Deutschland noch immer als marxistisch verpönte Klassenbegriff und die Realität der in Klassen gegliederten Marktgesellschaft auf diese Weise sprachkosmetisch verdrängt werden konnten.«

Man mag es drehen und wenden, wie man will, Adorno hatte recht: »Die Prognose der Theorie von den wenigen Eigentümern und der überwältigenden Masse der Besitzlosen ist erfüllt, aber anstatt daß damit das Wesen der Klassengesellschaft eklatant geworden wäre, wird es von der Massengesellschaft verzaubert, in der die Klassengesellschaft sich vollendet. Die herrschende Klasse verschwindet hinter der Konzentration des Kapitals. Diese hat eine Größe erreicht, ein Eigengewicht gewonnen, durch die das Kapital als Institution, als Ausdruck der Gesamtgesellschaft sich darstellt.« *(Reflexionen zur Klassentheorie)*

Wer noch hinzuschauen, wer noch auf die Wirklichkeit zu blicken in der Lage ist, der sieht: »Abermillionen von Arbeitslosen«, »geradezu altertümliche Formen krasser Ungleichheit«, »die Lage zahlreicher Hartz-IV-Empfänger«, den »obszönen Anstieg von Managergehältern«, »die Selbstbereicherung«, »die steile Gewinnsteigerung der Unternehmen bei gleichzeitiger, jahrelang währender Stagnation der Realeinkommen der Erwerbstätigen«, einen »blindwütigen, grenzenlos habgierigen Turbokapitalismus« (Wehler; alle Zitate auf einer Seite); der sieht »die Klassengrenzen eines in Deutschland bisher einmaligen Reichtums«; der weiß, daß ein Klaus Zumwinkel (Post) »nach seinem Abgang auch noch zwanzig Millionen Euro als Betriebsrente erhalten hat«; der stellt fest, daß »die Besteuerung von Kapitaleinkünften geringer ausfällt als die Steuer auf Einkommen aus Arbeit« und »der materielle und soziale Konzentrationsprozeß die Klassenhierarchie be-festigt«. – »Wer nennt das endlich einen Skandal?« (Wehler) Und öffnet die Augen und nordet, das Treiben der Banker be-trachtend, das Bewußtsein ein: »In der neuzeitlichen Wirt-schaftsgeschichte gibt es kein vergleichbares zweites Beispiel einer rundum diskreditierten Berufsklasse, die derart verblen-det und von nacktem Egoismus getrieben Billionen sich an-eignet, dann aber auch verbrannt und deshalb Millionen ins Elend gestürzt hat, ohne daß sie kollektiv für ihr Fehlverhal-ten einstehen mußte.« (Ebenda)

Kurzum, man sehe »marktbedingte Klassen« (Max Weber) oder, ein wenig feiner formuliert, »Distinktionsklassen« (Pierre Bourdieu) und wisse, die »Ideologen des freien Lebens« (Weh-ler) dienen einzig der »Diktatur der selbsternannten Elite« (Adorno); und kein Schwein fragt sich, »ob Demokratie mit Vermögenskonzentration überhaupt vereinbar ist« (Ilija Tro-janow, *taz*, 24. April 2013).

Zugrunde liegen alledem die Legenden und Lügen vom ra-tionalen Homo oeconomicus und von den das Gemeinwohl befördernden, ausgleichenden Kräften des Marktes. »Gleiches Recht und gleiche Chance der Konkurrenten sind weithin fik-tiv. Ihr Erfolg hängt ab von der – außerhalb des Konkurrenz-mechanismus gebildeten – Kapitalkraft, mit der sie in die Kon-kurrenz eintreten, von der politischen und gesellschaftlichen Macht, die sie repräsentieren, von altem und neuem Conquis-tadorenraub [...], vom Verhältnis zum unmittelbaren Herr-schaftsapparat des Militärs. Die Interessengleichheit reduziert sich auf die Partizipation an der Beute der Großen«, schreibt Adorno, und Joseph Vogl (*Das Gespenst des Kapitals*, Zürich 2010) zeigt, daß die »rationalen Irrationalitäten im kapitalistischen Prozeß« auf einem Mythos, der sich in eine naturwissenschaftliche Metaphorik kleidet, fußen – jenem vom »ökonomischen Menschen«, der nicht durchschaut, was er wozu unternimmt, dessen »selbstsüchtige Neigungen« und Handlungen sich aber im Verbund mit anderen im Dienste aller harmonisieren. Seit Adam Smith illustriert das Bild der »unsichtbaren Hand« dieses Mysterium: Durch das Verfolgen dezidiert eigener Interessen wird das Gemeinwohl unwillentlich und zudem stärker gefördert, als hegte man die Absicht, ebendies zu tun. Vogl: »In der Tauschrelation findet […] das Interesse das Prinzip gesellschaftlicher Vernunft. […] Darum ist der Markt nicht irgendein Schauplatz, sondern Ort von sozialer Ordnung schlechthin: ein Katalysator, der Leidenschaften in Interessen, egoistische Interessen aber in einen glücklichen Zusammenhang transformiert und darin einem Naturgesetz folgt.« Der »Gehorsam gegen dieses Naturgesetz« schließlich ist die erste und im Grunde einzige Vorschrift des »liberalen Despotismus« – womit die gottgegebene Asozialität aller sanktioniert wäre: »Das Wirken der ominösen unsichtbaren Hand bringt es mit sich, daß die einzige Verantwortung der ökonomischen Akteure eben nur darin bestehen kann, für nichts und niemanden verantwortlich zu sein.« Als »elementare Sozialrelation« bleibt der Tausch zurück, »genauer: das Verhältnis von Käufern und Verkäufern«, der Markt »ist sowohl Mittel als auch Ziel für die Organisation sozialen Verkehrs«.

Seit dem 18. Jahrhundert hämmert die herrschende Klasse ihren Untergebenen das Axiom der Wettbewerbsgesellschaft, das Mantra der Naturwüchsigkeit ein. Doch erst seit dem Ende des Bretton-Woods-Abkommens 1973 (feste Wechselkurse, Goldstandard) und dem Durchmarsch der neoklassischen Ideologie der Chicagoer Schule in den achtziger Jahren – unter der Ägide von Reagan und Thatcher (der die *taz* bewundernd nachrief, sie sei »keine Konsenspolitikerin gewesen, und das machte ihr Wesen und ihre Größe aus«, und: »Thatcherismus ist kein verknöchertes Klassensystem. Es ist der permanente Wettstreit, in dem sich niemand auf seinen Lorbeeren ausruhen darf«) – ist der »Sieg des unerbittlichen kapitalistischen Kalküls« (Adorno) unter Dach und Fach (Wehler: »einer der dramatischsten Vorgänge der modernen Zeitgeschichte«). Unermüdlich paukten die betriebswirtschaftlichen Kleriker des Neoliberalismus den abhängigen, verblödeten Massen in der Folge ihren Aberglauben an Deregulierung und Marktmärchen ein, bis der Finanzmarkt »zum Markt aller Märkte und zum Modell des Marktgeschehens überhaupt« (Details des Wahnsinns des sich selbst er- und fortzeugenden »Future-Handels« ersparen wir uns) und die »Kapitalform [...] zu einem fait social total [zu einem totalen sozialen Tatbestand; d. Verf.] geworden« war, auf »daß sich soziale Ordnung nach den Mechanismen der Marktwirtschaft konstituiert« (Vogl).

Nun, da der Markt selbst zum Supersubjekt verklärt und als opaker »Sachzwang« internalisiert ist, gibt es nur noch machtlose Marktsubjekte (plus die Merkelsche »marktkonforme Demokratie« – *das* Oxymoron des jungen Jahrtausends, lebten wir nicht längst in der Postdemokratie, in der der Staat, laut Metz/Seeßlen, »mit impertinentem Vergnügen die Ausbreitung der sozialen Ungerechtigkeit« vorantreibt); Marktsubjekte (ohne die Dignität des alten Subjekts) mithin, die »in der Tretmühle des darwinistischen Kapitalis-

mus« (Le Monde diplomatique, Februar 2013) unter den Spruch-
bändern der Flexibilisierungspriester mit Dumpinglöhnen,
Minijobs und Leiharbeit in ungeahntem Ausmaß erniedrigt
werden – eine lupenreine, staatlich angeordnete Diskrimini-
rung, derentwegen »es vermehrt zu unkontrollierten Impuls-
durchbrüchen und Regelverletzungen kommt«, denn: »Die
Markt- und Kapitallogik räumt nicht nur alle ihren expansi-
ven Drang behindernden äußeren Barrieren und Kontrollen
beiseite, sondern auch die im Inneren der Menschen. Der fle-
xible Mensch soll alle Bindungen und Hemmungen ablegen,
damit er zu allem fähig werde. So ist es denn auch.« (Götz Eisenberg) Was Robert und Edward Skidelsky (Wieviel ist genug? – Vom Wachstumswahn zu einer Ökonomie des guten Lebens,
München 2013) nur bekräftigen können: »Unser System ist in
seinem Kern von einer moralischen Fäulnis befallen, und hin-
genommen wird das nur, weil das Ausmisten des Augias-
stalls eine Aufgabe wäre, die sich niemand auch nur vorzu-
stellen wagt.«
   Die den »allgemeinen Kompetitionslärm« (Vogl) beglei-
tenden sogenannten Wirtschaftswissenschaften sind derweil nichts anderes als – wahlweise – Selbstbeschwörung,
»Ratespiele« (Vogl), »Theologie« (Sigmar Gabriel), »blanke
Idiotie oder schlichte Ideologie« (Metz / Seeßlen; das Buch ist
halt allzugut), »veritabler Fundamentalismus« (Knobloch),
Self-fulfilling prophecy, Meinungsterror, Gespensterkunde oder
Enthirnungskulte und spiegeln und beschwören, was der
Kapitalismus gemäß Walter Benjamin (und vor ihm Paul La-
fargue) ist: »eine Religion«, und »darin liegt das historisch
Unerhörte des Kapitalismus, daß Religion nicht mehr Re-
form des Seins, sondern dessen Zertrümmerung ist«.

Droht, wie Elmar Altvater befürchtet, in naher Zukunft ein »Imperium der Barbarei«? Sind alle Ausgänge des Karzers unter dem Geschäftstitel »Kapitalismus« verrammelt, weil »die totale Organisation der Gesellschaft durchs *big business* [...] Welt und Vorstellung [...] lückenlos besetzt« (Adorno)?

Vielleicht ist es ganz einfach. Wenn die ganze Sauerei »bewußt abgelehnt wird, kann der Konflikt der Klassen politisch organisiert werden« (Wehler). Statt sich im Alltag – der Summe und dem Ausdruck der molekularen »ökonomischen Bürgerkriege« nach Maßgabe »der mörderischen Gemeinheit des Marktes« (Metz / Seeßlen) – bei jeder Gelegenheit wechselseitig zur Minna zu machen, möge sich die amorphe, richtungslose Aggression in Wut verwandeln und gegen jene richten, die das Fatum der eskalierten Klassengesellschaft, das ein erzeugtes, ein verhängtes ist, zu verantworten haben. In »der Hoffnung, Menschen könnten fähig sein, leidlich freundlich miteinander zu wirtschaften«, wäre demnach lediglich eine Frage zu stellen: »Wäre es [...] nicht – ginge es mit rechten Dingen zu – an der Zeit, daß Arbeiter und Angestellte sich fragen, wozu sie eigentlich Unternehmer brauchen?« (Piwitt)

Und vielleicht doch noch eine zweite: Wozu denn überhaupt Arbeit, diese Arbeit? Wider »die rasende, bis zur Erschöpfung der Individuen und ihrer Nachkommenschaft gehende Arbeitssucht«, wider »die blinde, wahnsinnige und menschenmörderische Arbeitssucht« zog Paul Lafargue in *Das Recht auf Faulheit* (1880 / 83) zu Felde, einem der betörendsten Texte der Arbeiterbewegung. »In der kapitalistischen Gesellschaft ist die Arbeit die Ursache des geistigen Verkommens«, »das Dogma von der Arbeit verdummt«, die Menschen

108

glichen in ihren Höhlen herumwühlenden Maulwürfen, die »sich nie aufrichten, um mit Muße die Natur zu betrachten«, tobte er und giftete weiter: »Von ihrem eigenen Gekrächze betäubt und idiotisiert, erwidern die Ökonomen: Arbeitet, arbeitet, um eurer Wohlfahrt willen!« Was heißt: »Arbeitet, arbeitet, um, immer ärmer geworden, noch mehr Ursache zu haben, zu arbeiten und elend zu sein. Das ist das unerbittliche Gesetz der kapitalistischen Produktion.« – »O törichte und mörderische Konkurrenz!«

Dem setzte Lafargue – einen Gedanken entgegen: »Diese persönliche und gesellschaftliche Misere, so groß und ewig sie auch erscheinen mag, wird verschwinden wie die Hyänen und die Schakale beim Herannahen des Löwen, sobald das Proletariat sagen wird: ›Ich will es.‹« Es »muß die Faulheitsrechte ausrufen, die tausendfach edler und heiliger sind als die schwindsüchtigen Menschenrechte, die von den metaphysischen Advokaten der bürgerlichen Revolution wiedergekäut werden; es muß sich zwingen, nicht mehr als drei Stunden täglich zu arbeiten, um den Rest des Tages und der Nacht müßigzugehen und flott zu leben« – »rien faire comme une bête, auf dem Wasser liegen und friedlich in den Himmel schauen«, wie es bei noch einmal Theodor W. Adorno (»Sur l'eau«) so anrührend sehnsuchtsvoll heißt (und wie er es bei den Faultieren abgeschaut haben mag, über die Geo weiß: »In den gut vierzehn Stunden, in denen Faultiere wach sind, bewegen sie sich nur rund zwei Stunden lang. Den Rest der Zeit ruhen sie sich aus, verdauen, beobachten die Welt um sich herum«). Und sehet: »Die gesellschaftliche Zwietracht verschwindet«, und »die Vereinzelung und Beschränktheit der besonderen Arbeit und damit die Abhängigkeit und Not der an diese Arbeit gebundenen Klasse, womit die Unfähigkeit der Empfindung […] zusammenhängt« (Hegel: *Grundlinien der Philosophie des Rechts*), wären Geschichte.

Wäre das nicht was? Würde es sich dann, der Barbarei entkommen, nicht erübrigen, darum zu bitten:

Seid höflich, benehmt euch?

Stefan Gärtner, geboren 1973, ehemals Redakteur und heute Kolumnist beim endgültigen Satiremagazin *Titanic*. Biograph (*Guido außer Rand und Band*, mit Oliver Nagel), Sprachpfleger (*Man schreibt deutsh*), Volkskundler (*Deutschlandmeise – Streifzüge durch ein wahnsinniges Land*). Zuletzt erschien von ihm der erotisch-historische Schelminnenroman *Angéla – Lehrjahre einer Liebeshungrigen*.

Jürgen Roth, geboren 1968, lebt als Schriftsteller in Frankfurt am Main. Tätig für Zeitungen, Zeitschriften und den Rundfunk. Zahlreiche Bücher und CDs, darunter jüngst *Willy Brandt – »Wir sind keine Erwählten, wir sind Gewählte« – Ein Zeitbild in Originaltönen* und *Das Mondlicht – Eine doppelte Verneigung vor Ror Wolf*.